青少年工作与管理研究

崔 岩 姜中杰 ◎ 著

吉林出版集团股份有限公司
全国百佳图书出版单位

图书在版编目（CIP）数据

青少年工作与管理研究 / 崔岩, 姜中杰著. -- 长春：吉林出版集团股份有限公司, 2023.6
ISBN 978-7-5731-3932-0

Ⅰ. ①青… Ⅱ. ①崔… ②姜… Ⅲ. ①青少年 – 工作 – 研究 – 中国 Ⅳ. ① D432.6

中国国家版本馆 CIP 数据核字（2023）第 126875 号

青少年工作与管理研究
QINGSHAONIAN GONGZUO YU GUANLI YANJIU

著　　者	崔　岩　姜中杰
责任编辑	蔡大东
封面设计	李　伟
开　　本	710mm×1000mm　　1/16
字　　数	230 千
印　　张	12.5
版　　次	2024 年 1 月第 1 版
印　　次	2024 年 1 月第 1 次印刷
印　　刷	天津和萱印刷有限公司
出　　版	吉林出版集团股份有限公司
发　　行	吉林出版集团股份有限公司
地　　址	吉林省长春市福祉大路 5788 号
邮　　编	130000
电　　话	0431-81629968
邮　　箱	11915286@qq.com
书　　号	ISBN 978-7-5731-3932-0
定　　价	78.00 元

版权所有　翻印必究

前　言

　　社会工作是现代社会的产物。我国自改革开放以来，随着市场化的加深、城市化的加快和现代化的加速，经济社会发展取得了巨大成就，同时也遇到了众多挑战。我国已进入改革发展的关键时期，经济体制深刻变革，社会结构深刻变动，利益格局深刻调整，思想观念深刻变化。社会秩序需要稳定，经济社会需要持续发展。在构建社会主义和谐社会的总部署下，中共中央作出了建设宏大的社会工作人才队伍，充实公共服务和社会管理部门，提高专业化社会服务水平的重大战略决策。我国的社会工作事业迎来了前所未有的快速发展。

　　青少年是社会中最活跃的一个群体，社会的进步与青少年的发展息息相关。青少年作为社会生产的生力军和后备力量，以自己的生命力和创造精神推动着社会的变迁；同时，他们的发展也受到社会变迁的巨大影响，出现了日益多样化的利益诉求。

　　青少年的成长是一个不断改变和发展的过程，受自然因素、社会环境和个人选择方面的影响。大多数个体将经历身体、社会、情感、家庭和心理的变化与发展，因此，青少年社会工作的管理与研究，可以在这一阶段为他们提供帮助。

　　在内容上，本书共分为八个章节：第一章为绪论，主要就青少年工作概述、青少年的发展与身心特征、青少年的成长与社会环境、青少年社会工作的发展历程四个方面展开论述；第二章为青少年工作的相关理论，主要围绕青少年工作的理论、青少年工作的价值观、青少年工作的伦理三个方面展开论述；第三章为青少年工作的方法，依次介绍了青少年工作的基本方法、青少年工作的常规干预、青少年工作的拓展干预三个方面的内容；第四章为基于不同情境下的青少年工作与管理，依次介绍了青少年成长与发展的主要情境、青少年面对的具体困境、不同成长情境下的青少年工作与管理、基于社会环境的青少年工作与管理四个方面的内容；第五章为青少年的心理工作研究，分为三部分内容，依次是青少年心理障碍概述、社会工作对青少年心理障碍介入的可行性、积极心理学视角下的青少年心理工作；第六章为青少年的权益保护研究，主要从当前青少年权益保护的发展现状、青少年权益保护工作的路径两个方面展开研究；第七章为青少年的社会福利政策，分为三部分内容，依次是青少年的社会福利政策综述、国外青少年的社会福利政策、国内青少年的社会福利政策；第八章为青少年社会工作项目的管理研究，主要从青少年社会工作项目的开发、青少年社会工作项目的方案设计与实施、青少年社会工作项目的评估与审计、青少年社会工作项目设计案例四个方面展开研究。

在撰写本书的过程中，作者得到了许多专家学者的帮助和指导，参考了大量的学术文献，在此表示真诚的感谢。由于作者水平有限，书中难免会有疏漏之处，希望广大同行及时指正。

崔岩　姜中杰

2023 年 1 月

目 录

第一章 绪论 ·· 1
  第一节 青少年工作概述 ·· 3
  第二节 青少年的发展与身心特征 ·· 9
  第三节 青少年的成长与社会环境 ··· 16
  第四节 青少年社会工作的发展历程 ··· 35

第二章 青少年工作的相关理论 ·· 43
  第一节 青少年工作的理论 ··· 45
  第二节 青少年工作的价值观 ··· 58
  第三节 青少年工作的伦理 ··· 63

第三章 青少年工作的方法 ·· 71
  第一节 青少年工作的基本方法 ··· 73
  第二节 青少年工作的常规干预 ··· 81
  第三节 青少年工作的拓展干预 ··· 92

第四章 基于不同情境下的青少年工作与管理 ···································· 99
  第一节 青少年成长与发展的主要情境 ······································ 101
  第二节 青少年面对的具体困境 ·· 105
  第三节 不同成长情境下的青少年工作与管理 ································ 111
  第四节 基于社会环境的青少年工作与管理 ·································· 117

第五章 青少年的心理工作研究 123
第一节 青少年心理障碍概述 125
第二节 社会工作对青少年心理障碍介入的可行性 128
第三节 积极心理学视角下的青少年心理工作 134

第六章 青少年的权益保护研究 141
第一节 当前青少年权益保护的发展现状 143
第二节 青少年权益保护工作的路径 147

第七章 青少年的社会福利政策 151
第一节 青少年的社会福利政策综述 153
第二节 国外青少年的社会福利政策 155
第三节 国内青少年的社会福利政策 158

第八章 青少年社会工作项目的管理研究 163
第一节 青少年社会工作项目的开发 165
第二节 青少年社会工作项目的方案设计与实施 171
第三节 青少年社会工作项目的评估与审计 179
第四节 青少年社会工作项目设计案例 187

参考文献 193

第一章 绪论

青少年是民族的未来，是社会振兴的希望，他们身上有无穷的创造力量，同时，社会的变迁也深刻地影响着他们自身的发展。本章为绪论，主要从青少年工作概述、青少年的发展与身心特征、青少年的成长与社会环境、青少年社会工作的发展历程四个方面展开论述。

第一节 青少年工作概述

一、青少年工作简述

青少年工作是社会工作的一个重要领域，是面向青少年的社会工作。其定义根据不同的侧重点有不同的界定。青少年工作是一门旨在帮助青少年的专业，它的受众主要是青少年，其可分为多个板块：学业辅导、生活辅导、职业培训与介绍、心理咨询、婚前教育与婚姻介绍、休闲服务、矫治服务等。这是根据青少年工作的内容来定义的。

由于青少年群体的特殊性，青少年工作显然与其他群体的社会工作是有所不同的。无论是学业辅导，还是职业培训、休闲服务，都可以看出其中"教"的特点。虽然"教"的特点在社会工作理论界是有争议的，但是，由于青少年正处在一个从儿童转变为成年人，从初级社会群体走向更为广阔社会的过渡期，虽然有了一定的独立生存的基础，但是在面对这个复杂社会时，还显得很不成熟，他们需要其他社会成员给予他们必要的支持，把积累的经验传授给他们，所以"教"是必要的，也是必然的。但是，"教"的方式方法需要有所不同。青少年工作的理念要以青少年为本，以青少年为主导，青少年工作者的作用仅仅在于陪伴、辅助、提供资源，充分地发掘青少年自身的潜力，促进其成长。

不仅青少年工作的内容与其他领域的社会工作不同，其工作过程和对象也具有独特性，因此我们要想做好青少年工作，就需要准确把握青少年的身心发展规律、兴趣、偏好、家庭背景等多方面情况。在掌握这些情况的基础上，因材施教，促进学生的全面发展，增强创新能力和实践才干，让学生日后为社会和国家发展发光发热。这个定义强调了青少年的独特性，体现了社会工作的个别化原则。

青少年作为一个群体，区别于其他任何一个群体，这个群体有其自身的特点。根据青少年的共同特征，可以为青少年采取一种集体的服务与辅导。同时，青少年群体内部的差异性也不能忽视，每个青少年个体都是不同的，他们有着不同的成长经历、不同的家庭背景、不同的心理趋向、不同的兴趣爱好。同一年龄阶段的不同青少年，可能有着相似的行为模式，但是也可能有着近乎相反的行为模式，因此，要充分考虑每个对象的独特性，有针对性地开展服务，这样才能真正做到发掘其潜力。

青少年工作本质上就是以科学、规范的服务方法，解决青少年问题，促进其全面发展，进而推动全社会进步的工作。

第一，青少年工作的工作对象必须是青少年，有时可能是全社会的所有青少年，有时可能是青少年群体中特定的一些人，比如青少年中有特殊困难、特殊要求的人，或者是在其成长过程中出现了发展障碍或偏差的人。

第二，青少年首要目的是激发青少年自身的潜力，推动素质教育实施，增强社会实践能力。

第三，青少年工作区别于其他面向青少年的服务的一个重要特征就是，青少年工作运用了社会工作专业的理论、方法和技巧，它是从社会工作的专业角度来为青少年服务的。

广义的青少年工作是指包括社会多个层面，特别是国家和地方政府层面为促进青少年生理、心理、社会适应等各个方面健康成长和全面发展所采取的一切措施。它的工作对象指向所有的青少年，而不仅仅是有"问题"的青少年。在内容上包括文教、青少年权益保护等，涵盖了能确保青少年健全发展的各项措施。狭义的青少年工作只是指一种事后补救性工作，又称为消极性的青少年工作，它以全体青少年，特别是发展方向上有偏差、发展道路上有障碍的青少年为自己的工作对象，通过多种服务手段和方法来帮助青少年，矫治、纠正他们发展方向上的偏差，扫清他们在发展道路上的障碍，以促进青少年全面和健康成长。狭义的青少年工作主要体现了"教"和"治"的思维，针对的也是"问题"青少年。这种模式主要出现在20世纪以前，在青少年工作发展的早期体现得较为明显。

如果说狭义的青少年工作更多地带有"治疗""补救"色彩，那么，广义的青少年工作则更多地带有"预防""发展"的色彩。这种青少年工作不是以"问题"为导向的，而是以青少年本身作为出发点，一切以青少年为本，一切以青少年为中心，着眼于青少年的自身需要。广义上的青少年工作不是以"解决问题"为目标，它的目标与整个社会的目标体系一致，已经整合到整个社会的目标体系之中，与社会整体目标融合在一起。

因此，广义的青少年工作有不少是以国家社会政策的形式，甚至是以法律的形式固定下来的。从操作层面看，可以是直接由国家的一个独立政府部门执行一系列体系化的社会政策和法律法规，也可以是由社会上的独立部门来执行。这种制度化的工作方法，使得社会系统可以从更加长远的角度来防范、治理危害青少年发展的因素，使青少年免于遭受可能受到的伤害，有力地保障青少年的发展。

广义的青少年工作虽然是系统化的、整体性的，但在它的工作过程中也体现了一种"个别化"的指导思想。它要求深入细化到社会中的每一个青少年，以促进社会中的每一个青少年的潜力发掘、全面发展为工作目标。它的理念也体现了这种"个别化"原则，它不但承认青少年群体的一致性，而且还看到了青少年个体的独特性，并且尊重、承认这种独特性。在工作过程中，更是以这种"个别化"的思维模式为主线。当然，广义和狭义的青少年工作并不能绝对地区分清楚，随着社会的发展进步，社会对青少年的需求、权利等各方面重视程度在不断提高，狭义的青少年工作和广义的青少年工作发展方向的相似趋势愈加明显。青少年工作与国家的福利制度、社会政策、法律法规的整合程度也越来越高。现代社会的青少年工作一般都可以理解为广义上的青少年工作，是一种积极的青少年工作。

二、青少年工作的对象与目标

（一）工作对象

1. 工作对象的认识

社会工作大都有自己的特定服务对象，社会工作的范围不同，对其服务对象的界定也就不同。广义的社会工作，是一种促进全人类的全面发展、潜力发掘和促进社会进步的活动，这种理解下的社会工作的服务对象就是全人类，只要他享有人的权利，就享有接受社会工作者帮助的权利。这是广义理解下的社会工作服务对象。

如果把社会工作定义为接受过专业训练的社会工作人员，以专业的价值观为指导、运用专业的社会工作理论和方法，来帮助在社会适应中遇到困难的个人、家庭和群体，通过发掘其自身潜力以及动员社会资源，使其摆脱当前的困境，增强其社会能力，从而提高社会福利，这种定义下的社会工作对象就是指在社会生活中，遇到了社会适应上的困扰和障碍，发展受到阻碍的个人、家庭和群体。

任何人在社会生活中，都有可能遇到各种各样的困难，阻碍其正常的社会功能的发挥。这种境遇中的个人或者组织，不是其社会适应能力丧失了，而是在特殊情境中其适应功能发挥受到了阻碍，社会工作者的责任在于帮助处于这种情境中的个人或者组织恢复其社会适应能力。只要是生活在现代社会中的个人和组织，都有可能成为社会工作的对象，而那些陷于困境的个人和组织则成为事实上的社会工作的工作对象。

在社会工作发展的早期阶段，社会工作的对象被认为是有"问题"的个人或者社会组织。社会工作的责任在于帮助这些个人和组织解决问题，使其由"非常态"转变为"常态"。在这种理念指导下的社会工作，是一种病理型社会工作，带有明显的"医疗"模式特征。接受社会工作服务的人常常有一种"羞耻感""负罪感"。随着社会的不断进步，这种观念已经逐渐退出历史舞台。在接受社会工作福利服务时，服务对象所表现出的这种"羞耻感"，与公民权利意识还没有普及有关系。接受社会工作福利服务，不是在接受一种"施舍"或者"恩赐"，而是在享有作为一个普通公民所应该享有的基本权利，任何一个公民都享有这种接受帮助的权利。

早期的社会工作者常常以权威者的角色出现，在提供专业理论知识和福利资源来帮助工作对象的同时，形成了一种对工作对象自身潜力的压制，使对象成为工作的客体，被动地接受帮助，工作对象的主观能动性和主体性地位受到了严重的压抑。新的社会工作理念正在逐步地摆脱这种"专家"意识，社会工作者不再以一种权威者的角色出现，而开始关注社会工作人员与服务对象之间的互动关系，两者之间不再有客体和主体之分，而是互为主客体。

社会工作者不是站在一个高高在上的位置试图给予服务对象某种资源，而是与服务对象站在同一个位置上，从服务对象的角度出发，考察其所处的位置，引导其发掘自身潜力，动员周围可能动用的一切社会资源，使服务对象自己解决问题。而且，在服务对象解决当前问题的同时，也帮助其增强应对类似问题的能力，从而促进其社会适应能力的提高，使其能够更好地适应社会变迁。

2.规定服务对象的内涵

作为社会工作的一个重要组成部分，青少年工作服务对象的范围也不断演变，从早期聚焦于"问题"青少年，向为社会全体青少年提供福利服务转变。这种范围的扩展，标志着一个社会的文明的发展速度和进程。很明显，青少年工作的对象是全体社会青少年。这种规定有着四点深刻的内涵：

（1）平等性

青少年工作的一个基本前提就是认为每个青少年都有与成年人一样的平等权利，青少年之间也应该是平等的，每个人都有无限潜力，同时也有自己的局限性，人性的软弱存在于任何一个人身上，每个人都有接受帮助的权利，青少年当然也有接受帮助的权利。另外，青少年群体作为一个整体，既有其他群体不具有的许多优势，同时也有其他群体没有的弱点。这些青少年所独具的特征要求社会给予青少年特别的帮助，接受这种帮助是每一个青少年都拥有的由法律所赋予的权利。

（2）独特性

青少年工作面向所有青少年，特别针对有特殊需要的青少年。青少年工作的一个基本假设就是每个青少年都是不同的，都有其独特价值，其独特性应该受到尊重。青少年有共同的需要，同时也有自己不同于他人的特殊需要，这种特殊需要也应该得到满足。青少年工作对青少年的特殊需要是非常重视的，并且以这种特殊需要作为工作的着眼点，对那些处于特殊境地的青少年给予特殊的帮助。

（3）全面性

青少年工作面向影响青少年发展的青少年自我及社会的所有因素。一切影响青少年发展的内在和外在的因素都是青少年工作的工作内容。向内，青少年工作者要挖掘青少年内心的无限潜能，帮助他们发掘自身潜力，学会调动自己的潜能；帮助他们学会寻找自己周围一切可以利用的资源，可能包括家人、朋友、同学、老师、学校、专业机构、媒体以及社会工作者等，帮助他们意识到他们不是孤立无援的，他们背后有许多可以利用的资源。向外，应该为青少年创造一个利于他们成长和发展的更好的生存空间，包括全球的可持续发展和环境问题、社会福利政策和法律法规的健全和完善、文化传统的延续和继承以及文明的扩张。这些都是影响青少年成长的重要因素。

（4）复杂性

青少年工作面向所有青少年，具体而言是面向青少年所有的成长阶段。青少年是指从儿童到成人的过渡阶段，这个范围相当宽泛，不同成长阶段可能遇见的问题也是不同的。虽然一个14岁的中学生和一个20岁的大学生同属于青少年群体，但是他们所处的人生发展阶段不同，他们可能要面对的问题就会有巨大的差异。青少年工作不是为青少年某一个成长阶段提供服务，而是面向青少年群体所有的成长阶段提供尽可能全面的帮助与支持。

不同成长阶段的青少年所遇到的问题必然不同，青少年工作要面向青少年成长发展中所有可能遭遇的问题。这对青少年工作者无疑是一个巨大的挑战，如果社会工作者可以帮助青少年解决所有问题，那么必然会在实际工作中，遇到数不清的困难、挫折和打击。因此，青少年工作者需要清楚地意识到，作为服务提供者，并不能全面预测可能发生的所有问题，更不可能提供给服务对象现成的解决方法，青少年工作者能够做的，是给予青年一种面对问题、处理问题的角度、方法和态度。

（二）工作的目标

作为社会工作的服务对象，青少年有明显区别于其他服务对象群体的特征。这些特征要求青少年工作的目的有明确指向。青少年的一个本质特征就是发展性。青少年工作的明确目标之一就是要激发青少年自我发展、自我成长的潜能，促进青少年全面健康地发展。发展，可以理解为一种变化，是一种正向的、前进的变化，可见事物从小到大、从简单到复杂、从低级到高级的一种变化。人的发展是多层面的，有身体的发展、心理的发展，还有社会适应方面的发展。在青少年阶段，这种发展的进程是突飞猛进的，带有质变的特征，同时青少年自身蕴涵了巨大的发展潜质。这些都要求青少年工作，要最大限度地发掘青少年身上的潜力，最大限度地促进他们的发展，通过多种形式的服务，促进他们的全面健康发展，帮助他们朝着自我实现的方向去努力。

青少年工作经常面对的服务对象可能是一些在社会上没有被充分认可、在市场上缺乏价值感、人格体系有不同程度混乱的青少年。面对这样的服务对象，青少年工作可能会遇到难题。因为传统社会的包容程度较低，对这些有行为偏差的青少年，社会的接纳程度本身就不高，帮助这些青少年恢复社会功能，促进他们发展就更不是一件易事。正是由于这样的情况，青少年工作更加强调发展性。面对任何一个需要帮助的青少年，青少年工作的眼光都是放在他们的发展潜质上，青少年工作的一切努力出发点都是寻找他们内在的动力。另外，目标是指导行动的指南。才能更好地把握为青少年服务的方向和内容，有了目标，青少年工作才能更加有效地为青少年服务。青少年工作目标的阐述是界定青少年工作概念的一个重要指标。

第二节　青少年的发展与身心特征

一、青少年的生理特征

在青少年时期，青少年的身体迅速发展，如同柔弱的小树苗一样逐渐长成大树，下面我们逐一阐释青少年的生理特征：

（一）青春期生理发育

根据研究显示，人体从卵细胞受精开始到发育为成熟的人，大概需要 25 年时间。这是一个阶段性和波动性统一的过程。人的生长发育会出现两个高峰期，第一次生长发育高峰期是在胎儿期至出生后第一年，第二次生长发育高峰期是在青春发育期，如图 1-2-1 所示。

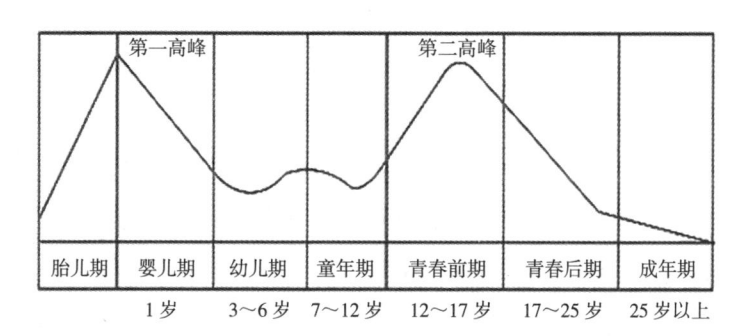

胎儿期	婴儿期	幼儿期	童年期	青春前期	青春后期	成年期
	1 岁	3～6 岁	7～12 岁	12～17 岁	17～25 岁	25 岁以上

图 1-2-1　人体生长发育的曲线

青春发育期（简称为青春期）是指从人体开始青春发育开始到人体生理全面

成熟的阶段。我国绝大多数的青少年在 12 岁至 14 岁左右，就会开始进行青春发育，通常在 17 岁到 19 岁，青少年的生理发育全面成熟，青春发育期基本终结。作为个体生长发育的第二高峰，青春期对青少年良好体质的形成极其关键。正在经历青春期的青少年，会表现出明显又细微的形体变化，身体机能日益完善，神经系统和内分泌系统发育成熟。青春期能够促进青少年的身心发展，与此同时，身处青春期的青少年也有摆脱不掉的成长困惑。

（二）青春期的生理特征

人进入青春期一般具有以下生理特征：

1. 身体的变化

（1）体型的变化

青少年青春期体型的变化如表 1-2-1 所示。一般情况下，女青年比男青年矮，男青年比女青年体力强。经过青春期的发育，两性开始出现身体上的差异。

表 1-2-1　青少年青春期男女体型的变化

性别	外形	结构
男	喉结突出、肩宽背厚、肌肉发达、髋骨窄于肩骨，骨骼发达，肘见棱角	肌肉发达，骨骼肌的重量占全身的 42%，男女肌肉总量之比为 5∶3
女	颈部和肩部圆润、平滑，形成很柔和的曲线，髋骨宽于肩骨，脂肪丰富，皮肤细腻	骨骼轻，全身骨骼的总重量平均比男青年轻 20%；骨骼密度小；四肢骨较短；肌肉所含水分和脂肪较多，肌肉纤维内含糖量较少

（2）身高的变化

青春期是人体生长的第二高峰期，主要表现为身高的迅速增长。在青春期之前，平均每年增长 2～3.6 厘米；而处于青春期时，平均每年增长 6～8 厘米，多的达 10～12 厘米。在身高突增阶段，身体各部位的发展是不同步的，如上下肢的增长比脊柱增长快。因此，青少年会出现长臂长腿的不协调状态。在青春发育末期，脊柱的增长又超过四肢，形成成人的正常体形。男生进入身高生长加速期晚（约 10 岁），约 13 岁达到高峰，停止晚（23～26 岁），而女生进入身高生长加速期早（约 8 岁），约 11 岁达到高峰，停止早（约 19 岁，最晚 23 岁）。

（3）体重的变化

如表1-2-2所示，为青少年青春发育期间的体重变化情况。具体而言，男性青少年呈现出脂肪减少，体重身高骤增的现象；女性青年少年则呈现出脂肪增多，甚至开始形体发胖的发育状况。总之，男女青少年的体重变化是有明显区别的，男性青少年身体健壮、肌肉结实，女性青少年形体婀娜、姿态丰满。

表1-2-2　青少年青春期体重的变化

性别	青春期开始	青春发育期间
男	10岁左右，体重为28.0公斤，是成人的47.3%	平均增长31.2公斤，是成人的52.7%
女	8岁左右，平均27.8公斤，是成人的53.6%	平均增长24.1公斤，是成人的46.4%

2. 身体内部机能

除了外形体态上呈现出来的变化外，青少年的身体内部机能也得以日益健全。这体现为青少年的呼吸系统和心血管系统等生理基础性系统发育成熟。

（1）呼吸系统的发育

青少年青春期呼吸系统的发育，主要呈现出以下两点的变化。

一是呼吸频率近似成人。身处青春期的青少年，呼吸系统的功能日趋完善，时至青春期末，青少年的呼吸频率与成年人趋同。

二是肺活量增大趋势明显。通过肺的每分通气量和潮气量标准测得的肺活量，可以近似反映人呼吸系统的功能状况。深吸气后一次性的最大呼气量，就是肺活量。进入青春期后的青少年，肺活量增大趋势逐渐明显。

（2）心血管系统的发育

包括心脏和全身血管组织在内的心血管系统，其发育健全的过程主要有如下表现。

第一，心脏血容量。心脏有四个腔，即左心房、右心房、左心室、右心室。它们出生时的总容量是20～22毫升；青春期之初可达到140毫升；青春期开始后，速度明显增快，18～20岁快速达到240～250毫升。

第二，心率。新生儿心率在平静时平均每分钟120～140次，2～3岁100～120次，8～14岁70～90次，在16岁以后达到成人水平，平均每分钟72次左右。另外，从青春期时起，心率有了性别差异，女青年的心率略快于男青年。

第三，血压。人在14岁以后，血压逐渐达到成人水平，高压稳定在90～130毫米汞柱，低压稳定在60～80毫米汞柱。男青年的收缩压略高于女青年。

第四，每搏输出量。每搏输出量，是指心脏每收缩一次射出的血液量。进入青春期后每搏输出量明显增加。7岁时大概是23毫升，12岁时约为41毫升，青春期结束时达到成人量，大约是61毫升。青春期发育迅速，对新血液的需求急剧增加，青春期的每搏输出量比儿童期增加近2倍。

3. 高度发达的神经系统

大脑和神经系统高度发达是青春期的重要特征之一。

（1）脑的发展

青春期是脑的重要发展阶段，如表1-2-3所示。脑科学家认为，超过25岁，每天在脑中要死掉10万个神经细胞，70岁时人脑的重量只有青年时的95%，80岁时减少到90%。

表1-2-3 各年龄阶段脑的容量

年龄	出生时	9个月	7岁	12～14岁
脑的重量（克）	390，约为成人的1/3	660	1200	1400，接近成人水平

（2）神经系统的发展

青少年在青春期时将经历神经系统的繁茂生长，神经系统机能会日渐完善。青春期时，青少年的大脑既有兴奋时间也有对兴奋进行抑制的时段，二者趋于动态平衡。与人的语言机能密切相关的第二信号系统，丰富了青少年的理论思维能力和逻辑抽象能力，使得身处青春期时的青少年更富有想象力、理解力和记忆力。

4. 内分泌的活动

作为体内特殊存在的腺体，内分泌腺的活动发展将会显著影响青少年的青春发育状况。人体内的神经体液调节系统就是由神经系统和内分泌系统相互作用形成的。在甲状腺体、旁腺、脑垂体、松果体、胸腺、胰腺以及肾上腺等腺体的内分泌腺系统中，脑垂体的作用是最为明显的。脑垂体分泌的激素种类很多，这些激素作用与其他的内分泌腺，会促进人体的新陈代谢，同时促进人体生理发育。通过自身分泌的各种激素，脑垂体可以直接控制并影响了青少年青春期的生长发育。能够促进身体生长以及骨骼发育的生长激素和促进生殖系统成熟与第二性征发育的促性腺激素，都是由脑垂体分泌的。

二、青少年的心理特征

青少年的心理发展过程看似错综复杂，实则有规律可循。青少年心理发展过程的规律性主要体现为以下三点：

（一）主体与客体的互动

作为社会主体存在的青少年，其心理发展过程离不开特定的社会生活实践环境这一客体。就其本质而言，青少年的心理发展过程涉及主客体之间的相互作用，呈现出主体纠正自身以适应客体环境，或者主体能动性地改造客体环境以满足自身成长的主客体互动过程。

（二）动荡与稳定相互交织

青少年的心理发展过程伴随着起伏不定的不平衡性，并会产生动荡，但是，伴随着青少年的逐渐成长，人生阅历会不断增加，自制能力会逐步加强，这种心理上的起伏动荡将慢慢稳定下来。

1. 初期不稳定

不平衡过程常常伴随着矛盾的产生。青少年心理发展的前期动荡，主要呈现出以下三个方面的矛盾：

第一，固执己见与经验匮乏之间的矛盾。身处青春期时的青少年，思维异质，个性初成，喜欢质疑事物存在的合理性，不服从于各种管控，不盲从于他人的言行。这种特立独行锋芒毕露的人格特点，会使青少年如初生牛犊，无视生活的各种不公与障碍，披荆斩棘勇往直前。然而，由于人生阅历有限，生活经验不足，青少年高度自主与认识浅薄之间的矛盾，会导致坚持错误立场排斥正确观念，造成严重的固执己见和逆反心理。

第二，热情高涨和意志薄弱之间的矛盾。青少年的思维想象力丰富，当胸怀理想时，高涨的热情有助于激励青少年树立人生美好的目标和远大的理想。但是，达成目标和实现理想需要的不仅仅是热情，更重要的是能够坚持付出。然而，通常情况下，青少年的意志力成熟滞后，自制自律能力尚未养成，因此，很难将最初的目标和理想付诸实践。而且在实现理想的过程中，面对无法解决的困难和挫折，青少年容易灰心丧气、意志消沉、情绪低落。

第三，自我认知与社会评价之间的矛盾。伴随着自我意识的觉醒，青少年会变得标榜独立、不听劝阻、不受管束、我行我素，并喜好以成人自居，妄图得到社会的承认与肯定。这是青少年的典型特征，但由于青少年的实际经验有限，个人能力不高，社会给出的评价往往与青少年的自我定位相对立。这种青少年的自我认知与社会评价之间的矛盾，化解起来需要时间，由此会导致青少年的短暂身心不适。

2. 后期稳定

青少年身处青春期时的心理动荡虽强弱有别，但会一直存在。随着青少年身心发育的日渐成熟，这种动荡也会逐渐趋向于稳定，其棱角终会被社会磨平。成长之后的青少年，心智更加成熟，自制能力不断增强，和谐、平稳、安静的心态将取代先前躁动、矛盾、焦虑的心理状况。但真正意义上的根除矛盾、躁动与焦虑，要等到青少年青春发育晚期甚至青少年步入中年以后。随着心态的日渐成熟稳定，理智会超越感性占据上风。

（三）突变与渐变结合统一

1. 突变性

青春期时的青少年，心理突变的色彩浓厚，主要有以下表现：

一方面，心理活动多姿多彩。伴随着年龄的增长，青少年的心理既有深度又多姿多彩。步入社会之后的青少年，能够更加清醒、深刻地认识到社会现实。随着人生发展规划的初步形成，青少年对未来有了更加明确的目标。青少年青春发育时期的心理，会伴随性在生理层面上的成熟。性心理成为主导青少年青春期的心理主角，这使得成长发育的青少年富有青春气息和浪漫情怀。

另一方面，心理特征变幻无常。青少年青春期时的心理状况呈现出变幻无常的显著特征。比如，青少年会长期掩饰自身的情绪，隐藏住内心的喜怒哀乐，儿童或者婴儿的大哭大闹、大吵大笑现象不复存在；记忆力提升显著，机械记忆退居后位，形象记忆、意识记忆和情景记忆占据主流；思维的抽象概括能力增强，逻辑思维和辩证思维日益成熟，能够把握事物的本质规律，善于独立思考。

2. 渐变性

青少年的心理特征表现为两个层面的渐进变化，内涵渐进和阶段渐进。

一是内涵渐进。相较于儿童时期，青少年青春期的心理特征更加复杂，而且这种复杂性的形成不是一蹴而就的，而是一个循序渐进的积累过程。随着青少年生活阅历的日益增加，青少年的认知水平不断提高，认识范围不断扩大，社会经验逐渐丰富，思想内容趋于丰满。经验源于实践，青少年内涵的养成就得益于日积月累的日常实践经验。这种内涵的累积需要青少年逐步地体会、深入地理解，不是俯仰之间就可以获得的。

二是阶段渐进。随着青少年的日常生活经验逐渐累积，青少年的心理状态也相应地呈现出阶段性的变化。常规而言，发育初期的青少年，社会意识淡薄，社会经验匮乏，身心发展速度极快；步入社会以后，青少年的社会经验不断丰富，对社会的认识日益深刻；等到已经成家立业，家庭的重要性开始凸显，青少年的心理会更加偏向对父母子女各种感情的深刻体会。因此，青少年的心理成熟过程是有层次分阶段循序渐进逐步发展起来的，至少经历了少年儿童时期，以及青年的初期、中期和后期的各个阶段。

三、新时代青少年成长过程中的新特点

在信息化高度发展的今天，网络对人类社会越来越重要，在深刻改变了人类社会生产生活方式的同时，也给人类社会带来重大挑战。这种改变和挑战也会极为深刻地对青少年造成影响。这种影响包含以下四个层面：

第一，网络正在对整个社会的信息传递，接受方式产生潜移默化地影响。网络不仅能够帮助拓宽青少年认识世界、了解世界的渠道，还能够使他们接受更多的信息。但是网络信息有时会良莠不齐，出现一些消极、负面的不良信息。因为青少年的是非辨别能力不强，所以容易受到不良信息的污染。

第二，网络改变了传统的建立在人与人之间经常见面的人际交流方式，网络为人际交往增添了虚拟性、便捷性、猎奇性、隐蔽性等特点。其中虚拟性和隐蔽性可能会对青少年的道德观念，交往能力造成负面影响。

第三，三观是指世界观、人生观、价值观，青少年从小应该树立正确的三观。但由于网络的兴起，文化观念、价值体系等多元化的发展态势愈加明显。例如，一些青少年喜欢在网络上更多地接触外国的新鲜事物，推崇外国的文化，但是却对本国文化知之甚少。这其实是一种文化不自信的表现。我们要应该发挥网络帮助青少年接触不同文化的积极作用，帮助他们更好地树立文化自信。

第四,在互联网的深刻影响上,我国不断掀起"大众创业,万众创新"的新浪潮,这也为当代青少年实现人生价值提供了广阔的舞台。据相关数据显示,2016年第二季度我国网络购物交易规模达1.12万亿元[①],其中,电子商务这一新业态吸纳大量青年进行创业,帮助青少年实现人生追求。

第三节 青少年的成长与社会环境

一、家庭环境

家庭在促进个体的人格、心理、气质等方面的形成和发展中发挥着重要作用。青少年期是个人成长的转折时期,是个人心理层面的成长点,同时也是个人在心理方面和行为方面从幼稚走向成熟的时期。因此,应发挥家庭在青少年成长中的积极作用,推动青少年健康行为习惯的进一步发展和养成。

(一)家庭概述

1. 家庭含义

家庭就是直接由亲属关系所联结起来的一群人,其中成年人负责照料孩子。家庭是亲属关系中相对较小的户内群体,是一个相互合作而发挥作用的单位。家庭成立的条件有三:第一,亲属关系的结合;第二,包括两代或两代以上的亲属关系构成的整体;第三,比较永久共同生活在一起的团体。尽管不同的人对家庭的理解和表述有所不同,但还是对其基本含义达成了共识。综合而言,家庭是由感情、责任义务、婚姻、血缘以及收养等关系组成的初级群体,并且成员之间的关系和感情是任何一个人都不可替代的。

2. 家庭类型

家庭的类型是指根据家庭关系或家庭结构的不同所做的分类。可以根据不同的文化需要,采用不同的分类标准,划分不同种类的家庭。

---

① 丁红,王春生.新时代下中国青少年社会工作现状及对策[J].现代商贸工业,2017(34):148-149.

（1）按家庭的权力结构来进行划分

有父权制家庭、母权制家庭、夫妻平权制家庭。

（2）按家庭所在社区的性质来进行划分

有农村家庭、城市家庭、工矿区家庭。

（3）按家庭主要人员的职业属性来进行划分

有工人家庭、农民家庭、干部家庭、军人家庭、知识分子家庭。

（4）按家庭生育功能来进行划分

有生育家庭、非生育家庭。

（5）按子女多寡来进行划分

有多子女家庭、独生子女家庭。

（6）按家庭关系的状况来进行划分

有和睦家庭、不和睦家庭、解组家庭。

（7）按照家庭组成人员的不同划分

有核心家庭、主干家庭、联合家庭、丁克家庭以及隔代家庭等。

3. 家庭特征

（1）家庭是社会的初级群体

家庭成员在家庭中所扮演的角色是非常重要的，也是不可替代的。成员对家庭是全身心投入和付出的，家庭成员之间的交流互动都是面对面进行的直接交流，这符合小群体的基本特征。

（2）家庭的组成离不开以某种关系作为纽带的紧密联系

联系家庭成员的纽带一般是婚姻关系和血缘关系。同时，也存在以法律上的收养关系、以爱情为基础的同居关系和同性恋作为纽带组成的家庭。维系家庭关系的纽带不同，家庭的脆弱性和稳定性也是不同的。

（3）家庭成员之间有比较长期的在一起生活的关系，经济上是共有共享

一般来说，每一个家庭都是一个独立的经济个体，不但享有一定的家庭经济资源，而且对于大部分或者全部家庭成员来说，这些家庭经济资源是全部家庭成员共享共有的。家庭具有良好的韧性和稳定性，家庭成员向往有着一个稳定而幸福的家庭，家庭中发生的矛盾和纠纷是不可避免的，家庭成员在维护家庭稳定性中发挥着至关重要的作用。

（4）家庭是一个社会历史的发展范畴

家庭是人类社会发展到一定时期的社会产物，不同时期、不同地区、不同民族、不同社会发展程度产生的家庭，其形式、功能和规模也是不一样的。

4. 家庭教育的模式

父母是孩子的第一任老师。父母对青少年的教育方式直接或间接地影响着青少年的性格发展、社会化发展，因此，家庭教养模式的正确与否与青少年的性格同一性、社会化发展息息相关。

（1）娇纵型

父母溺爱和疏于管束，构成娇纵型教养模式。在这种家庭教养模式环境中，孩子容易形成以自我为中心、懒惰跋扈的心态。这种心态需要得到及时的矫正，否则可能会出现反社会的倾向。

（2）支配型

家长溺爱与严加管束相结合，构成支配型家庭教养模式。在这种家庭中，父母在生活上对孩子进行无微不至地体贴的照顾，同时对孩子提出严格要求，把自己的想法和要求强加在孩子身上。这种教养的方式会导致孩子怯弱胆小、孤僻自傲的性格特征。

（3）专制型

家长缺少爱心或耐心，对孩子的教养方式粗暴，构成专制型家庭教养模式。在这种模式中，孩子的人格、自尊、意志、权利等不被尊重，家庭亲子关系是一种命令与服从的关系。这种教养方式容易导致孩子产生不信任感、戒备心理严重，形成自卑、消极、暴躁、懦弱、依赖性强或叛逆等人格特征。

（4）放任型

家长既缺少爱心、耐心，也缺乏责任感，对孩子放任自流，构成放任型家庭教养模式，例如纵容孩子贪玩、看电视。父母很少向孩子提出要求，也不要求他们做家务。在放任型家庭教养模式下，孩子由于得不到必要的家长的教导，会形成没有自信、不负责任、自负自大等心理倾向。

（5）冲突型

家庭成员间关系紧张、不和谐，家庭气氛失调，价值导向不一致，构成冲突型家庭教养模式。这种教养模式的产生大多是因为父母关系紧张，易起冲突，进而影响孩子。在这种家庭环境中，孩子易形成缺乏安全感、意志力薄弱、残忍冷酷、爱撒谎等个性特征，且大多数有激烈的反抗性，可能出现反社会倾向。

（6）民主型

家庭成员间互相尊重、平等交流，对子女既有约束，又有鼓励，构成民主型家庭教养模式。在民主型教养方式下，孩子容易形成自尊、自信、自律性强、社交能力强、具有成就动机等良好社会适应性的个性特征。

5.家庭功能

家庭的功能是指家庭对其成员所起的积极作用。具体来讲，家庭的功能有情感支持、繁衍后代、社会化和经济功能等。

（1）情感支持

家庭作为初级社会群体，成员之间日常互动频繁，情感交流充分，彼此之间容易相互理解和支持。通过提供情感支持，家庭可以帮助其成员纾解家庭以外的社会环境带来的压力及负面情绪，给予正面支持和鼓励。

（2）繁衍后代

家庭通过建立共同抚育、确立婚姻、夫妇配合等一系列制度从而繁衍后代，来维持人类种族的延续。

（3）社会化

家庭是个体社会化的重要场所，家庭可以提供角色模型供青少年模仿学习，父母的社会角色在日常家庭交往中也可以体现出来，父母也会或多或少为青少年的未来方向提供指引，并帮助青少年更好地适应社会，为进一步社会化打下良好的基础。

（4）经济功能

家庭经济功能主要是指家庭作为生产经营和消费的单位所发挥的作用。随着社会的不断发展，家庭生产经营的功能逐渐弱化，而消费的功能却日益增强。

（二）青少年成长与家庭环境

家庭是培养青少年社会化的重要载体，良好的家庭环境对青少年的发展起着积极的促进作用，有利于青少年形成良好的行为规范，同时也对青少年的身心发展起到积极的推动作用，加快了青少年生活技能的培养进程，其作用具体包括以下四个方面：

1. 良好的家庭环境有助于良好行为规范的形成

家庭是一个人生活的起点，父母是孩子的第一任老师，一个孩子经常会自觉或不自觉地模仿父母。而父母的言行举止，性格品质等都会潜移默化地影响孩子，因此孩子会学习父母待人接物中所采取的一些措施和手段，还会有意识或无意识的自觉接受父母对其有关行为规范的要求并且内化为自己的想法和行动。

2. 良好的家庭环境有利于实现家庭保护功能

家庭保护是指父母或监护人对青少年依法行使监护权，履行其对被监护人进行健康保护的权利和义务，具体包括：为青少年提供成长所需的物质生活条件；保证必要的医疗保健条件；以健康思想、正确品行和适当方法给予青少年教育并引导其向健康、文明的生活方式发展。良好的家庭环境不仅能够提供充足的物质和精神层面的支持，而且能确保家庭保护功能的有效发挥。

3. 良好的家庭环境有利于身心健康发展

青少年阶段正处于身心发展的重要阶段，随着生理层面和心理层面的进一步发育发展，社会阅历能帮助其开阔视野，形成多样化的思维方式。他们在学习、生活、人际交往等方面都会产生不同的看法，会产生多样化的心理困惑。这时，父母的关心和鼓励、优良的家庭环境会为孩子的心理、体魄和人格的健康成长提供更广阔的发展空间。有调查结果显示：民主型的家庭培养出来的孩子性格活泼开朗，具有较强的独立自主性和创造性，在大多数情况下能正确对待并处理自己和他人、自己与社会之间的关系，具有较强的自尊心、同情心和自信心，能站在别人的角度思考问题，适应社会能力强，能正确面对困难和挫折，并能采取有效措施。

4. 良好的家庭环境有助于培养基本生活技能

游戏、学习和劳动是构成人们社会生活的三种主要形式。青少年时期，人们一般主要以游戏和学习的生活形式为主，家庭则是人们开展游戏和学习的重要场所。在游戏中，青少年不仅能学到各种各样的网络知识，锻炼自身的身体素质和能力，学会一些与人交往的方法。家长在日常生活中督促青少年参加家务劳动，能培养青少年的兴趣爱好，提高青少年的学习能力，不仅可以促进青少年智力的发展，同时能进一步增强他们的独立自主能力。家庭对青少年的生理、心理的发展发挥着基础性作用，所以，我们要及时针对影响青少年发展的家庭环境方面的问题，开展社会工作并提出相应的解决方案，让家庭在青少年的发展中，能减少甚至消除影响其成长的负能量，进一步注入更多能促进青少年发展的正能量，为青少年的成长创造一个良好的家庭环境，构建一个适合青少年发展的环境。

（三）营造良好的家庭环境

对于青少年来说，家庭不仅要为其提供生活所需的安全照顾，还要丰富并提高青少年进入社会生活所必需的知识、技能，更要确保青少年的心理健康以及提升其适应社会发展的能力。

推动政府和全社会普及现代家庭观念，运用各种手段增强家庭成员的普法能力，提高青少年的法律意识。

监督、推动家庭对青少年权益的保护。家庭有义务去保障青少年的权益，不应该损害青少年的相关权益，促进青少年的健康成长。

加快全社会对于婚姻恋爱知识的宣传进程，广泛开展多种形式的社会服务，为青少年的成长构建一个良好的社会环境。

推动政府和全社会建立相关机构，为家庭建设提供必要的生活照料、家庭辅导等帮助，提高青少年成长环境的质量，为青少年成长提供优质的成长环境。

推动社会开展针对亲子关系和青少年教育方面的服务，在全社会普及青少年发展及教育的知识，让青少年能够积极健康发展。

二、学校环境

学校是青少年社会化的主要场所，它不仅要传授基础知识、培养基本技能，还要进行德、智、体、美、劳全方位的素质教育，旨在培养对社会有用的人才。学校不仅配备各学科能力超强的老师，还应配备心理咨询师或社会工作者，积极引导学生的健康心理，推动学生社会化进程，进一步提高学校人才培养的质量，促进社会进一步发展。

（一）学校概述

1. 学校含义

学校是专门进行能力教育和素质教育的机构，学校的责任不仅是教书育人、传授知识，同时还肩负着青少年人格教育、素质培养、心理辅导、生存技能教育等社会化任务。因此,学校在青少年发展和成长过程中有着至关重要的作用。学校是通过老师的言传身教及学校环境的熏陶来实施教育的,学校对青少年的成长有着非常重要的作用。

2. 学校环境类型

这里的"学校环境"是广义上的学校环境,包括多个层面的内容,从总体上可以把它分为硬环境和软环境两大类。

(1)学校硬环境

学校硬环境是指学校内部及其周边附属学校内部为学校正常运转提供的服务和硬件设施,主要包括学校教学楼、各种教学设备、图书资料、娱乐设施、饮食服务设施、住宿条件、校园绿化等。良好的学校硬件环境对青少年的身心健康发展有着极为重要的意义,优质的学校硬件能促进青少年朝积极的方向发展,成为一个各方面能力兼备的人才,实现全面发展。

(2)学校软环境

学校软环境分为以下四个方面:教风、学风、管理体制和人际关系。

教风是衡量学校教师教学水平的重要指标,它涉及教师的知识能力水平和教学技术的高低、教学态度的好坏等方面。教风的好坏直接决定了其"生产"的人才质量的高低。好的教风可以培养高质量人才,为社会发展提供全面发展的高素质人才,对青少年的发展起到关键作用。

学风是在学生中形成的一种风气和氛围,是学生学习态度最直接、最真实的反映。积极向上的学风能带动全体学生提高学习积极性,进一步提高青少年对学习的认真度和负责度,从而有效避免青少年出现厌学、逃课等不良行为。

学校的管理体制在总体上引领着学校环境发展的大方向。学校对老师及学生的奖励和惩罚措施、培养学生的目标和方向、办学理念和对问题学生的处理方式都是学校管理体制的重要内容。合适、正确的管理体制,不仅能有效提高老师教学的积极性,也有利于引导学生达成培养目标,进一步推动学校形成良好的校风,提高学校的教学质量和学生质量。

从青少年的角度来说,学校环境中的人际关系一方面是指学生与老师的关系,另一方面是指学生之间的同伴关系。师生关系主要取决于老师在学生面前所展示的个性特征及对学生的态度,如果老师无论成绩好坏,都能采取平等的态度,那么这位老师就能得到学生的尊重和喜欢;如果偏心对待成绩好的学生,而对待成绩差的学生总是采取无视的态度和消极的看法,那可能会间接影响学生的学习态度和学生喜欢这门课程的程度。同伴关系主要取决于青少年的个体特性、与人交往所采取的态度,良好的同伴关系有利于增强青少年的自信心,从而实现其人格的全面发展。

3. 学校对个体的影响

随着社会的发展,个体在学校的时间越来越长,学校对个体行为的影响也在此基础上有所增强。总体来看,学生的行为会受到校园文化、班级规模、教学模式以及师生关系四个方面的影响:

(1) 校园文化

校园文化集中反映了学校的精神风貌,具有强烈的凝聚力和激励作用。良好的校园文化能够提高学生的责任感和主人翁意识,培养集体观念和协作意识,同时还能约束和规范学生的行为,形成良好的行为习惯。

(2) 班级规模

班级规模是指在一位特定教师指导下的一个特定班级或一个教学团体的学生人数。班级规模的不同对学生的学习行为有直接影响。班级规模如果过大,教师就难以照看每一个学生,如果学生自我控制能力较差,就会养成一些不好的习惯;而在小班化教学中,教师对学生能够进行个性化指导,做到因材施教,所以教学质量较高。

(3) 教学模式

素质教育旨在使学生形成相对完整的素质,教师不仅要向学生传授知识和技能,还要引导学生在更广阔的领域里全面发展个性与能力。在素质教育模式下,强调教育者的创造精神,教师可以从学校实际出发,设计并组织科学的教育教学活动,促使学生在自主活动中将外部教育影响主动内化为自己稳定的身心素质,促进其身心素质得到全面发展。

(4) 师生关系

师生关系是学生在学校环境中与教师所建立的认知、情感、行为等方面的联系。良好的师生关系有利于学生形成对学校的良好的认同感、归属感,并在行为上积极参与班级、学校活动,与同学形成积极的人际关系,发展出良好的个性和较强的社会适应能力；不良的师生关系则可能使学生产生孤独感或对学校产生消极情感，并在行为上表现为退缩、与老师同学关系疏远以及攻击性等，从而影响其学习效果，甚至造成辍学、心理障碍等一系列问题。

（二）同辈群体概述

1. 同辈群体含义

同辈群体是指在年龄、性别、志趣、职业、社会地位及行为方式等方面相近的人所组成的一种非正式的群体。同辈群体的形成大部分源于偶然性因素，随着年龄的增长，同辈群体的形成越来越趋向于主动选择。

2. 同辈群体特点

（1）平等性

同辈群体成员的年龄、知识、能力等方面比较相近，他们之间的地位是平等的，不会产生太大的差异，相互之间的沟通也更为平等、稳定。

（2）开放性

同辈群体内部不存在特别严格的规章制度，成员之间的交流和交往在语言、方式、话题等方面都没有特定的形式。

（3）认同性

同辈群体是个人自由选择结合的结果，群体成员之间的交往是在自然随意的过程中进行的，成员之间相互依赖，对群体有较强的心理归属感和较强的认同性。

（4）独特性

每个同辈群体都有自己独特的亚文化，这种群体的亚文化有独特的价值标准和行为方式。群体成员在语言、行为方式等方面都体现出自己的独特性。

3. 同辈群体对个体的影响

同辈群体对青少年成长发展既有积极影响，又有消极影响。

（1）积极的影响

同辈群体能够增进青少年情感交流互动，促进情感的发展成熟。同辈群体之间的沟通和互动能够满足青少年交往时的需要、归属的需要以及尊重的需要，有利于促进青少年身心健康发展。

同辈群体也可促进青少年的学习和兴趣爱好的发展。同辈群体不仅可以分享情感、疏解情绪，还可以在学习上互相帮助、答疑解惑，有助于促进学习成绩的提高。同辈群体由于具有很高的同质性，他们的兴趣爱好也具有相似性，经常在一起交流和切磋有利于他们兴趣爱好的发展。

同辈群体是青少年获得生活经验和社会信息的主要来源者。同辈群体之间的交往愈加频繁，他们从对方身上获得的生活经验和社会信息比从书本中获得更为直接和迅速。

同辈群体会对青少年生活目标及价值观的影响。生活目标是指可以通过个人努力与争取可以实现的目标。在儿童时期，个人目标是从父母教导、老师讲述以及书本知识中慢慢获得的；而到青少年期，由于同辈群体之间交往频繁，彼此之间会沟通一些看法，自由交换彼此的意见，青少年会更易于听取同辈群体的意见和建议，因此同辈群体对青少年的生活目标和价值观也有一定的影响。

（2）消极的影响

同辈群体所承载的文化常常游离于社会主流文化之外。青少年群体性质不同，传递的文化特质也不同。积极型群体往往承载社会主流文化，中间型群体所承载的主要是同辈群体亚文化，一些同辈群体亚文化表现为抽烟、酗酒、打架等。这种亚文化将导致同辈群体对主流文化的不认可、不服从，对青少年的成长发展有不良影响。

群体内部非制度化的行为规范对成员的控制是非正式性的，随意性较强。一旦群体内规范与社会行为规范相悖，群体内强大而无形的制约力会促使青少年屈从于群体行为规范，这种规范反而不利于青少年的健康成长。如果是消极的同辈群体，他们之间会传递大量的社会亚文化，其他的同辈群体成员有时不得不屈从于群体亚文化，发展到最后甚至可能出现犯罪行为。

维系同辈群体存在的单一的情感纽带，不具有稳定性，缺乏理性的指引，青少年对待感情大多比较感性，比较欠缺理性的思考和认知，容易凭着"兄弟义气"的想法，冲动地为同辈群体成员解决各种问题。这种情况若不加以理性指导，容易导致青少年在没有衡量自己的能力和是非对错的前提下盲目帮忙，无益于青少年的社会化。

（三）青少年成长与学校环境

学校教育是青少年完成社会化的有效途径之一，良好的学校环境有助于加快青少年整体素质的提高，有助于促进青少年良好行为规范的培养和形成，有助于加快青少年健康心理的发展，有助于培养青少年基本生活技能和能力。具体来讲，主要包括以下三个方面：

1. 良好的学校环境有利于青少年成长

良好的学习环境、先进的教学设备以及高水平的教师队伍为青少年学习科学文化知识提供了有力的保障。同时，多样化的教学配套设施还满足了青少年放松自己和减轻学业压力的需求，有利于削弱青少年因学习产生的厌倦、疲乏的心理，进一步创建学习与娱乐相结合的有效场所。这样的环境真正实现了青少年发展的身心共建，有助于促进青少年的身心和谐发展。

2. 良好的学校环境有利于青少年社会化

学校是青少年由家庭生活走向社会生活的一个过渡场所。在家庭中，青少年主要承担的是家庭成员的责任和义务，进入学校后，青少年理所当然应承担起青少年社会化的责任和义务。高质量的学校环境不仅能为青少年的社会化提供和谐宽松的人文环境，还有助于进一步增强青少年的社会安全感、自信心和社会责任感，为他们形成法治观念和责任意识奠定一个良好的基础，培养他们的社会意识，提高他们的社会责任感，从而调动他们为社会做贡献、为人民服务的积极性。

3. 良好的学校环境有利于心理的健康发展

为青少年创造一个友好和谐、轻松愉快、氛围浓厚的学习环境，从目前来说，有利于促进学生心理的健康发展；从长远来说，它对每个学生的人格影响是终生的。良好的学习环境对青少年的学习和成长具有无可替代的促进作用。

（四）营造良好的学校环境

1. 帮助处于不利地位的学生，实现教育机会均等

教育机会均等是指不管种族、民族、宗教或性别的差异，是每个人都有相同的机会入学去接受教育。受教育权是一项基本人权。在现代社会中，每个人都可以平等接受教育，也可根据个性实行个性化教育，每一个学生在教育中都应该受到平等的对待。青少年社会工作者应该采用专业的理论与方法，对处于不利地位

的学生进行深刻调查，包括家庭背景、学校环境、老师态度等方面，给予适当的调整和鼓励，在需要的时候，也可以给予适当的支持和帮助，制定相应的解决方案，让他们在教育方面可以受到公平对待，更好地成为一名被社会所需要的人才。

2. 协助建立青少年与学校的良好关系

学校环境对青少年的人格形成、文化素养、素质教育都起着重要的作用。学校教育应帮助来自不同环境、不同家庭背景的个体改变或调整自我，以便自我能更好地适应社会生活。对来自不良家庭背景或社会环境的青少年学生，通过给予良好的教育指导，可改变其原来的价值观念和行为习惯，使其成为一个文化素养与道德素养兼具的社会性人才。

3. 协助学校教职工和管理者，创建适合青少年发展的学校环境

学校教职工和管理者是学校社会工作者的重要依靠和支持者，双方只有进行全方位合作，才能共同探索和解决遇到的问题。同时，学校社会工作者要了解教师的个人需求和所面对的教学困难，并给予必要的建议和帮助，及时改善他们在认识和教育行为上的一些不当之处，促进教师改进教育工作，提高教学能力，推动学校的整体发展。

4. 协助学生掌握实用的知识与技能，以适应现实生活的需要

学校社会工作者需要采用个案工作方法及个别教育方法，去弥补班级授课的缺陷，激发个别学生对学习的兴趣，及时影响和改变他们不正确的想法，满足他们的个性化需求，培养符合学生个性的知识、能力和技能，从而促进青少年个性化的发展，培养多方面发展的个性化人才。

5. 协助学生形成健全的社会化人格

学校青少年社会工作者应协助学校完成教育，培养学生的亲和能力、生存能力和道德水准，特别是帮助少数在学习和适应上有困难的学生，通过综合调整教学方案，帮助其处理好学习上和生活上的问题，促进其健全人格的形成。

社会工作者的职责本质是为促进服务对象福利发展提供专业性服务，学校社会工作作为青少年社会工作的重要组成部分，服务对象是校内的所有学生，学校社会工作者应协助学生解决在学习和社会适应过程中所遇到的心理困扰和学习困难，发掘其潜在能力，促使其更好地适应未来社会的生活，成为健康的社会人才资源，进一步促进社会的进步和发展。

三、社区环境

社区是青少年主要的活动场所之一，社区开展的教育和文体娱乐活动，不仅能够丰富青少年的课余生活，也在潜移默化地培养青少年的正确观念和行为意识。对于青少年教育来说，社区教育是除了家庭教育和学校教育外，必不可少的一环。因此，青少年社会工作者要积极与社区工作者联系，共同创建一个有利于青少年健康成长的社区环境，营造浓厚的社区文化氛围。

（一）社区概述

1. 社区界定

不同的社会学家对社区有不同的理解和定义。德国社会学家滕尼斯在1887年出版的《社区与社会》中提出，社区是指具有共同习俗和价值观念的相同人口组成的关系密切、互相帮助的人性化团体。美国芝加哥大学的学者认为，社区的基本特点可以概括为三个特点：第一个特点，有按地域组织起来的人群；第二个特点，这些人不同程度地扎根在他们所生息的那块土地上；第三个特点，社区中的每一个人都生活在一种相互依赖的关系中。中国的学者结合中国的国情认为，社区是进行一定社会活动，具有某种互动关系和共同文化的维系力的人类群体及其活动区域。

2. 构成要素

（1）空间

如村落、集镇等，其社区形态都存在于一定的地理空间中。

（2）人群

一定数量的人口是社区不可缺少的条件，同时人口的数量、集散疏密程度以及人口素质等，都是影响社区的重要方面。

（3）情感上的认同和归属

在同一个社区中生活的人，会遇到相同的问题，因共同的需要而联合起来，在联合的过程中，会形成某种共同行为规范和社区意识，如共同的文化需要、社区归属感和民俗文化归属感等。

（4）公共设施

社区居民需要社区周围的一些公共设施，如商店、学校、娱乐设施、医疗卫生设施、教育机构、文化场所等。一个社区若没有这些基本设施,社区居民的生活会受到一定程度的影响,也会影响社区的文化氛围。

从社会工作的范畴来看,对社区概念和含义的理解需要突出以下两个方面:一方面,可以突出社区的某种地理性质,单独指某个地方因人群居住而形成的社区;另一方面,也可以指社区成员间的联系和互动保证了人们态度的一致及与他人的联系。所以,一般将社区定义为"居住于某一地理区域内,具有共同关系、社会互动及服务体系的人群"。

3. 社区类型

(1)地域性社区和功能(精神)性社区

地域性社区是指聚居在一定区域内的社会生活共同体,是按照社区的空间特征差异来划分的一种社区类型,如农村社区和城市社区。功能(精神)性社区是由共同目标或共同利害关系人组成的社会群体,如知识分子群体等。

(2)农村社区和城市社区

农村社区主要是由从事农业生产活动的成员所组成的地域性社区。其主要特点是:人口密度低,同质性强,流动小,结构简单;经济活动简单;风俗习惯和生活方式受传统影响较大;家庭在生活中起着重要作用,各族血缘关系浓厚。

城市社区是由从事非农业劳动的成员所组成的地域性社区。城市社区的主要特点是人口集中,异质性强;经济和其他活动频繁;具有各种结构复杂的群体,血缘关系淡化;政治、经济和文化都较为发达。

4. 社区特点

(1)集体性

集体性表现为一群人对整体利益的认同,进而引发对集体身份的认同和归属感,愿意以实现整体利益为出发点采取"利他行为",体现了个人对集体的忠诚与投入。人们也因此对社区关系感到亲切,觉得彼此有共同点,愿意为对方付出,乐于承担责任和义务,有一种认同所属社区、愿意为社区效劳的"社区意识"。

(2)共同性

共同性主要是指一群具有共同点的人,他们可以是在同一地域内的居民,也可以是有着共同生活方式、信仰、背景、利益及功能的一群人。共同性在社区成员之间形成"我们感",使他们看到与其他人群的不同,对"我们群体"采取特殊主义态度，对"他们群体"采取普遍主义的取向。

5. 社区功能

（1）经济功能

社区一般都具有经济的功能，主要是满足社区人们生活的基本需要，包括一定的生产、分配和消费功能。不同类型的社区因经济生产活动不同，构成了不同的经济功能。农村以农业生产，如耕作业、渔业、林业、牧业等第一产业为主。城市主要以工业、商业、服务业和金融业等第二产业和第三产业为主，这也是衡量一个国家的发展是否实现现代化的一个重要标志。城市这样的社区功能涵盖了商业、旅店、餐饮、金融，以及其他服务性行业等，并为广大的城市和乡村民众提供了广阔的就业、谋生的场所和机会。

（2）政治功能

社区的政治功能主要在于维护和保障社区的秩序和安定，力求保证社区居民生活和生产的安全与和谐。社区的政治功能是通过组建社区的管理机构来进行管理，包括社区委员会、各类行政组织、公共事业组织、党派组织、社团组织以及各级立法组织等。

（3）社会化的功能

社区能够向社区成员传递信息、知识和价值观，这里主要是指社区居民在交流、互动过程中，可以将一些普遍的、传统的价值观更加深入人心，这实际上也是价值观社会化的重要体现。在社会化的过程中，社区居民能够把所形成的价值、观念等系统流传给下一代，以维持社区的价值、文化、风俗习惯，促进社区意识的提升和凝聚力的稳固。

（4）心理支持功能和感情功能

社区中的居民相互帮助，彼此之间可以增进感情，深化友谊。比如当家庭、邻居、志愿者等共同照顾失业者、贫困者等弱势人群时，就会营造一种"我为人人，人人为我"的和谐环境。

（5）社会控制的功能

这里主要指通过制定规章与公约及有效执行，确保社区居民遵循社会规范和社会主流价值理念。政府、教育机构和社会服务机构可以通过社区来实现其社会控制的功能。社区也可以通过建立一整套以奖惩制度为基础的社会控制体系，鼓励遵守社区规范的社区居民，惩罚违反社区或社会规范的人。

（二）青少年成长与社区环境

1. 社区为青少年提供了基础设施和资源

每一个家庭在青少年成长中满足需求的能力都是有限的，因为家庭为青少年的发展提供的资源是有限的，所以社区也担起了为青少年发展提供资源的责任。一般来说，社区不仅为青少年提供了衣、食、住、行等各方面基础条件，更成为青少年开展学习以及娱乐活动的重要场地，青少年通过学习社区内先进人物的模范事迹和光辉精神，对青少年的成长及自身品行产生积极的影响。近年来，随着社会生产力的提高和科学技术的进步，社区图书馆、社区阅览室的普及，怎样更好地利用这些优秀的资源，为青少年的成长提供课外拓展课堂，是一个需要社区认真思考的问题。

2. 社区为青少年提供多种服务

"社区服务"是指在政府的资助和政策支持下，社区依照成员的需求，安排社区的服务者和志愿者为其提供的公益性服务。根据不同青少年的特征和个性，社区可开展不同类型的公益性服务。对待学龄前儿童，社区可以适当开展绘画、音乐、舞蹈等培训活动，提供简单的学业培养活动，开展有关成长的相关讲座；对于处于青春期的青少年，社区应该适当提供心理咨询服务并提供相应的解决方案，提供相关课业的辅导和指导，适当举办读书分享会、书友交流会等活动，进一步营造社区良好的学习氛围和浓厚的文化氛围；对于不良少年，社区志愿者应该给予关怀，找出其心理问题和不良行为的致因，制定符合其个性的解决方案，提供适当的帮教工作和心理辅导，协助其规划未来的发展道路等。另外，街道居委会还应统筹做好青少年社区服务组织，为生活困难的青少年及其家庭提供物质和心理方面的支持与服务，帮助青少年及其家庭减轻生活压力，解决困难。

3. 社区是青少年社会化的重要场所

青少年社会化主要经过早期社会化与继续社会化两个阶段。早期社会化是指个人在学习社会生活中接受社会规范不断健全个性与人格并最终融入社会关系体系的初始阶段。往往这一阶段的发展是在家庭或者学校进行的，家庭和学校在青少年社会化的早期社会化阶段发挥着重要的作用。作为青少年居住和生活的重要场所，社区决定了青少年的早期社会化进程。青少年正处于友谊需求的迫切期，他们渴望同伴朋友，希望可以和同辈建立良好的同伴关系。对于独生子女来说，除同学外，大部分同伴都是居住在社区的同龄人，他们所交往的同伴的类型和气质会产生潜移默化的作用，影响他们自身的行为和思想。

（三）营造良好的社区环境

针对影响青少年发展的诸多社区不利因素，社会工作者可以尝试从以下几个方面介入：

1. 创建"学习化社区"

社区内隐含丰富的资源，可以就地取材，充分发掘社区内各类机构、人文景观、风俗习惯等蕴含的文化资源，组织和引导青少年参观学习，探索其独特的文化内涵和文化意义；调动社区内的专业性和多元化人才，对青少年进行生活及学习教育，为青少年教育工作牵线搭桥，联系所需的辅导专家，进一步提高青少年的文化内涵和文化素养，加快青少年社会化进程。

2. 加强建设社区青少年的道德文化

青少年社会工作者可通过海报、居民手册等书面材料的张贴发放，以及道德讲堂讲座、影片放映、活动演出、居民参与等形式，引导青少年树立良好的道德风尚；通过组织青少年参加集体活动或社区服务，在实践活动中提高个人道德修养，建设少年宫、图书馆学习室等各项社区公共设施，为青少年进行课余文化学习提供必备的场所；规范和设立以培养青少年的文化素质和道德素养为目标的社团组织，参与社区青少年服务与发展，提高青少年的参与度和积极性，加快青少年的社会化进程，进一步提高青少年的综合素质。

3. 建立失足青少年的社区矫正制度

针对青少年在生活、学习中遇到的各类问题和困难，建立相关支援救助中心，如心理咨询室、法律热线服务等，完善青少年社区支持网络。在社区建立青少年社工岗位，为失学和失足青少年开设支持小组、个案辅导，建立失足青少年的社区矫正制度和服务体系。只有社区做好接受失学和失足少年的准备，社区居民才能更好、更快地接受失学和失足少年，而且可以提高青少年素质，进一步培养青少年的社会意识和社会责任感，让青少年成才，更好地为社会服务。

4.增强青少年社团责任意识

增强社区青少年的社团责任意识和归属感,激发青少年参与社区活动和建设社区的热情。只有青少年更好地把自己融入社区这个大家庭中,才能更好地为社区服务,建设优质的社区环境。

四、媒体环境

随着时代的进步,科学技术的不断发展,媒体在人们心理和行为塑造上起着越来越突出的作用。先进的媒体技术能给青少年社会化提供积极的引导作用,但由于网络内容的多样化和复杂化,也可能给青少年带来消极的影响。因此,采取必要的专业手段,制定和完善网络环境的运营规则,能适当减少复杂低俗的文化内容对青少年社会化的影响,让媒体发挥指导青少年成长的积极作用,并促进青少年进一步正向发展。

(一)媒体概述

媒体可以看作是传递信息或者获取信息的主要手段,媒体具有传播与宣传、交流与沟通、教育与引导、示范与榜样、娱乐与审美等功能与职责;而常见的媒体语言有报刊语言、广播语言、电视语言和网络语言四种,媒体语言的作用基本体现了媒体的职责与作用,媒体语言可以成为社会语言的引领者,也可以干预或影响受众的价值判断,还可以创造或者催生新的文化观念与思维方式。媒体是通过具体的媒体语言来发挥作用的。应规范媒体语言形式,减少低俗媒体语言的传播,使其在青少年社会化中起到积极的推进作用。

(二)媒体对青少年的影响

1.积极影响

(1)帮助青少年形成正确的价值取向

当青少年通过媒体感受积极价值观时,自由、尊重、效率等正能量就会明显增强。网络的发展速度快、更新周期短、开放程度高的特征实际上也孕育着时代精神。网络的这些特征有利于培养青少年的新时代观念,如学习观念、效率观念、平等观念、全球意识等,能促进青少年正确价值取向的形成,培养青少年的正确意识。

（2）帮助青少年进行社会化发展

随着大众传媒技术高速发展，青少年社会化已形成两个环境：一个是由网络、电视、电影等组成的虚拟环境；另一个则是现实环境。在现实环境中，青少年社会化的施化者（执行者）的角色是真实的、确定的，过程一般是单向的、可控制的，而到了虚拟环境中，施化者的身份和角色是虚拟的、不确定的，过程单向不可控。

媒体为青少年提供了许多社会生活中个人应该遵守的基本行为规范，以及个人由一个自然人转变为一个社会人的实例，模拟成年人的生活环境和生活条件，使青少年提前进入社会化生活，进一步促进青少年形成将来社会生活中所必备的个人品质，获得遵循社会行为规则的能力，并且对如何在社会上立足有基本的了解和基本的方向与目标，为青少年成为一个独立的社会人做好准备工作，从而为青少年未来的社会化发展奠定良好的基础。

2. 消极影响

媒体是一把"双刃剑"，在青少年的价值观形成和社会化进程中扮演着不可替代的积极角色，同时也对青少年的成长起了阻碍作用。有的媒体传播许多不利于青少年成长的内容，如暴力、色情、低俗的文化等，在青少年的社会化发展道路中起到阻碍作用，也向青少年的社会化提出了新的挑战。

（1）媒体传播的不良信息导致青少年形成负面的价值观

青少年对事物的认知辨别能力还比较弱，缺乏自控能力，容易形成低俗的文化观念。

（2）媒体的负面影响冲击着青少年主流价值观的形成

丰富多彩的媒体内容是一把"双刃剑"，一方面在很高程度上丰富了青少年的精神世界；另一方面又充斥着形形色色的思潮、观念，给青少年价值观的培养和形成带来了一定的负面影响。随着互联网覆盖范围的不断扩大、影响程度的不断加深，不同文化类型、社会意识形态之间的交汇、冲突与整合作用将越来越明显，这种状况会对青少年的世界观、人生观、价值观的形成产生重要影响。

（3）真实环境与虚拟环境的冲突

青少年社会化的一项重要内容便是通过学习与体验产生对社会的正确认识。从社会现实建构的角度来看，"现实"可分为三种：第一种是真正存在的现实，第二种是由媒介所建构的虚拟现实，第三种是受众根据自身经验从媒介上理解的理想中的现实。因此很多时候媒体并不直接反映现实，在某些方面对现实进行理解，塑造一个虚拟的现实。例如，铺天盖地的广告可能使人产生一种错觉，甚至产生错误的判断和选择。在这种情况下，青少年在真实世界中与虚拟社会的联系也会被有意无意地减少，甚至发生联系的隔断，进而促使青少年对社会认知、对行为方式的认知以及对社会现实的理解也随之改变。

第四节 青少年社会工作的发展历程

一、青少年社会工作的背景

历史告诉我们，青少年的概念不是从来就有的，而是随着历史的发展，主要是伴随着资本主义生产关系的产生而出现的。青少年社会工作比青少年这个概念出现得还要晚，青少年社会工作是随着资本主义的迅猛发展和日趋成熟而产生的新事物。

（一）生产力的发展

生产力的发展是整个社会发展的最基础的动力。生产力的发展促进社会分工的发展，在整个社会上的表现就是行业分工也越来越明显，某一行业的细分领域也越来越多。各个领域间又有一些交叉性的领域也被分化出来。青少年社会工作就是从社会政策和社会福利领域、社会工作领域、教育领域、行政领域等分化出来的一个特别的工作领域。青少年社会工作隶属于社会工作，同时又与一个国家的教育系统、行政体系和生产领域都有着密切的交叉关系。可以说是生产力发展和分工细化的结果。

生产的发展到底是如何导致青少年社会工作的产生呢？这种因果关系是一个复杂的过程。其中有的推动作用是直接、鲜明的，由于生产的发展直接影响到了青少年，从而产生了青少年社会工作这个专业；有的推动力是间接的，是通过生产推动其他领域的转变，比如生产关系和社会关系，通过改变了的社会结构来推动青少年社会工作的产生；还有更为间接的影响，就是改变了的社会关系和社会结构影响了身处于其中的个人，影响了人的诸多的观念和价值，需要有新的形式，来帮助人们面对这些突然而来的、对人内在的挑战和冲击。总之，是因为社会的影响，青少年社会工作才得以产生并且发展。

生产的发展直接给青少年社会工作带来推动力。进入资本主义社会以后，生产力的发展引发整个社会的巨大变迁。整个资本主义的历史，可以被看作对生产发展无限追求的历史。没有哪一个社会比这个社会更渴望极限发展了。这种极限追求的表现在生产领域对生产效率得近乎苛刻的追求，对剩余价值近乎贪婪的剥夺，对生产总量的一次又一次的突破。任何东西都被放在生产发展的天平上去衡量其价值，这种被赋予的价值是生产的价值，是这种东西能否带来剩余价值的评价体系。包括人本身也是作为生产的一个至关重要的要素而出现。人不单单是人本身，而是成为一种能够带来巨大的剩余价值的资本，后来就干脆直接被称为人力资本。复杂多变的社会一下子有了一个轴心，一切都围绕这个轴心紧密地旋转着。

首先，生产力的发展把青少年抛向了社会，青少年生存和发展问题日益突出。看早期资本主义原始积累的历史就可以清楚，越来越多的青少年成为社会生产的主力，他们尚未完全成熟，还正处于一个迅速发展的阶段，他们自己有诸多问题要去面对和处理，而同时又要为自己的生计而发愁，要成为一种生产力量为这个社会负担一定的责任。这些内在和外在的诸多矛盾必然引起他们的内在冲突，同时带来诸多的社会问题。

其次，青少年作为一个重要的社会群体，社会性发展的矛盾日趋尖锐。青少年的本质特征就是发展性。一是身体的发展，他们正处于一个急剧和迅猛的身体变化时期，他们需要更多的营养和休息才能使他们身体的发展更为健康。但是过早的社会生产劳动使得他们不但不能获得更多的营养和休息，甚至连一般人所需要的营养和休息都不能满足，这势必会使青少年的机体发展受到严重的阻碍，有的甚至可能呈现畸形的现象。二是心理和社会适应方面的发展。他们从原来的儿童心理要逐步发展为成人心理，从儿童的行为模式要逐步转化为成年人的行为模式，这种发展变化和转换需要一个平和缓慢的过程。如果青少年过早地参与了社会生产，使得他们要迅速从一个儿童状态转变为成年人状态，这种急速的变化给他们带来了更为复杂的心理状态和感受，就加剧了青少年强烈的内心冲突，这样，青少年的健康成长必然会受到影响。

再次，对生产力发展的强烈追求使得社会无暇顾及青少年的问题，青少年越来越缺少真正的关怀。疲惫的身体和充满了矛盾冲突的内心需要有一个途径来缓解，否则向内可能引发青少年的心理问题，向外可能导致青少年社会问题，比如青少年犯罪。这个缓解的途径过去可能借助家庭、宗教和教育，但是资本主义社会使得原来的家庭、宗教和教育本身运行已经出现了种种问题，它们已经不可能全部承担缓解青少年问题的责任了。这种情况下，青少年心理问题自然成为更为普遍的问题。进而更为广泛的是一种外向的表现，这就是青少年犯罪。资本主义的发展带来了城市的快速崛起，青少年流浪团伙却成为早期资本主义城市发展中重要的社会问题。城市需要治理，为了维护社会的稳定，必须着手解决不良青少年的问题。

最后，除了生产力直接推动的发展以外，生产力通过推动社会关系的变化，而带来的间接的影响也是至关重要的。矛盾激化到一定程度，才会有解决问题的办法出现。当青少年问题成为一个社会问题、危及资本主义生产发展的时候，作为资本主义代表的国家必须出来解决问题，社会性的、政府行为层面上的指向青少年的工作才可能出现。可见，资本主义生产关系的形成是青少年社会工作产生的重要原因。

（二）社会关系的变化

青少年正处于世界观、人生观和价值观形成之时，这些观念的形成过程本身就是一个混乱、冲突和矛盾的不稳定的过程。在过去的生活中，由于家庭、社区以及学校的影响，他们已经在不自觉的过程中接受了许多关于这个社会的价值规范和文化习俗。和其他群体相比，青少年对家庭的依赖更为突出。资本主义生产关系强烈冲击了原有的传统家庭结构，影响了包括文化传递在内的家庭功能。随着生产力发展，青少年越来越早地走入社会，价值观的冲突和新的冲击往往会使得青少年不知所措，感到前途一片迷茫，不知道如何来面对。

在传统社会中，文化和价值规范变化是比较缓慢的，文化传递也是有规则的，父辈的权威是绝对的。现代社会，文化价值和社会规范的变动剧烈，社会的种种元素，特别是同辈群体的影响取代了父母，成为青少年社会潮流形成的动因。同时，传统社会的宗教和家庭会给人的价值文化冲突提供一个可靠的缓解途径，而现代社会的宗教约束作用减弱了。家庭，这个最原始最基础的社会单位，正面临着前所未有的冲击。家庭中原有的紧密的经济联系松散了，它所承担的人类自身生产的功能也在削弱，家庭结构发生变化，导致核心家庭不断增加。原来依靠大家族的关系来解决青少年问题的可能性日趋减小。社会必须尝试寻求一种社会性的方式解决青少年的问题。青少年社会工作在这些因素的影响下诞生了。

（三）人的精神发展与追求

经济基础决定上层建筑，随着社会快速地发展，个人的需求已经不仅仅停留在衣食住行等物质方面，而是发展成更高层面的精神需求，例如个体权利的保障、价值的实现等。因此，青少年精神层面的需要得到越来越多的重视，追求健康成长与精神发展逐渐成为青少年的重要内容，青少年精神层面需要逐渐被人重视，这是青少年社会工作专业化的催化剂。青少年工作专业化是社会发展的必然要求。由于快速发展，社会会产生巨大的变迁，所以青少年自身发展会在社会发展的基础上产生很多问题。这一切都表明，随着社会的发展进程，建立一个专业的青少年社会工作体系已经成为时代的一种迫切要求。

二、青少年社会工作的发展阶段

社会工作的发展是呈现阶段性的，青少年社会工作是在专业社会工作不断发展的过程中展开的一个特殊的领域。作为社会工作的重要的一部分，青少年社会工作的发展阶段与整个社会工作领域的发展密不可分，同时，以青少年这个社会中特定的群体为服务对象的青少年社会工作，又有着与整个社会工作发展不同的特征。考察青少年社会工作的整个发展过程，在这个渐进的过程中，找出一些特别的东西来划分出不同的阶段，对我们更加清楚地认识青少年社会工作的概念有着重要的意义。当然这种阶段的划分是人为的、理想状态下的，在实际青少年社会工作发展过程中，我们很难清楚地去确定某一个具体的发展阶段。不同阶段之间有区别，但更多是一种不能忽视的紧密联系，同一阶段其实又有不同的发展状态和不同的发展特征。根据青少年社会工作发展的背景和过程中呈现出来的一些特性，我们可以把整个青少年社会工作的发展分为以下三个阶段：

(一)前青少年社会工作时期

青少年这个概念不是从来就有的,而是社会发展到一个特定阶段之后,才真正作为社会众多群体中的一个而独立存在。以全体青少年为对象,指在促进每一个青少年和青少年群体的全面发展、健康成长为目的的青少年社会工作,也是在社会的物质文明和精神文明发展到一定程度才产生发展起来的。在人类历史上,最初面向青少年的工作主要是教育——传递知识和技能。我们把这个阶段叫作以教育为主的前青少年工作时期。

"青少年"概念产生早期,其含义就是"受教育的阶段"。到了这一概念发展的中期,青少年仍然不是一个完整的社会性概念,青少年社会工作自然也不是完整意义上的专业概念。工业革命和资本主义的发展,使得生产力大大提高,同时人们对效率也陷入一种无穷尽的追逐游戏中。传统的生产和生活的经验在现代化的进程中失去了昔日的魅力,青少年作为一个最有活力、最有创造力、最有生命力的群体,在整个工业化进程中显现出越来越重要的作用。这个时候,为了为社会生产培养出更多的补给力量,就需要对青少年进行培养教育,使他们掌握未来应对生活、参与社会生产所必需的知识、技术、信仰和价值观。这个时期,面向青少年的教育工作,并不是真正意义上的青少年社会工作,但是青少年的重要价值在这个时期已经开始得到重视。

(二)混合青少年社会工作时期

随着资本主义的发展,生产力的迅速提高,一种奇怪的现象发生了,这就是社会中的物质财富和精神财富成倍增加,而贫困却成为一个难以根除的社会问题。社会中物质财富极其丰富,但同时也伴随着前所未有的匮乏感。财富越来越集中于一小部分人手中,而社会中的大多数人却处于一种物质匮乏状态中,并且这种物质的匮乏状态被社会中的大多数人清楚地意识到。一个社会问题之所以成为社会问题,除了这个问题本身涉及整个社会的利益,更为重要的原因是,这个问题一定是受到了一定程度的关注。贫困在资本主义发展的历史中成了一个社会问题。

对穷人来说,物质上的匮乏成为突出表现的问题,而精神产品上的匮乏虽然没有物质匮乏那样显著,但同样引起人们的注意。资本主义社会中,商品成为整个社会的中心,几乎自然界和人文社会中能够被挖掘出来加以改造的所有东西都能够成为商品，精神文化产品也成为商品，也要按照商品经济的客观规律来发展、运营。这样要享有精神文化产品就要像享有其他的诸如牛奶面包这样的物质产品一样，必须采用等价交换的方法，通过商品买卖进行交换。这就注定了在物质上相对匮乏的大多数人在精神文化产品的享有上也同样处于一种强烈的匮乏状态。

物质和精神产品的双重匮乏正是资本主义社会不断前进的动力，每前进一步，又会产生新的匮乏，因此贫困问题成为一个难以解决的社会问题。资本主义国家对过度的贫富分化也开始采取一些行动，以保证公民享有最基本的生存所需要的物质和精神文化产品——政府主导的救济工作开始了。在这种早期的消极救济活动中，出现了一部分专门针对城市中出现的贫困青少年的活动，我们把当时这种针对城市贫困青少年的消极救助时期称为以救济为主的混合青少年工作时期。

这个时期的青少年工作比第一个时期，即以教育为主的前青少年工作时期进步了许多。其基本特征如下：

1. 政府的作用力强

前青少年工作时期针对青少年的教育活动，大多处于一种自发的、缺乏组织状态，针对青少年的教育活动目的也是单一的。此阶段的青少年工作中，政府处于一个主导的地位，发挥着组织、控制、协调等作用，这就为后有组织的专业青少年社会工作奠定了良好的基础。

2. 工作对象面向贫困青少年，特别是城市中贫困的青少年。

此时，青少年工作的目标不是为了促进青少年的全面发展和健康成长，而是为了防范城市中的青少年，包括从乡村流入城市中的青少年陷入贫困状态中。

3. 工作领域主要局限于救济

当时的青少年工作并不是一个独立的工作领域，它本身就是整个社会救济事业的一部分。救济方法也非常单一，主要是提供救济或者是提供工作机会，虽然也为青少年提供培训的机会，但是当时的培训层次比较低，主要是开办一些习艺所。这些习艺所并不能真正为广大贫困青少年提供实质上的帮助，但是这种思路后来为专业的青少年社会工作所继承。

这个时期的青少年工作仍然不是专业化的社会工作，但为后来全面的青少年专业社会工作奠定了必要的基础。

（三）专业青少年社会工作时期

20世纪以来，青少年社会工作进入了以全面服务为特征的专业发展时期，其突出表现如下：

1. 日益成熟的青少年社会性概念

随着社会的文明进步，青少年的权利和价值得到重视，青少年不再仅仅是成人的后备力量，青少年阶段也是人生中的一个重要阶段，青少年有独特的需求，这种特殊需求需要得到社会的承认。同时，青少年群体成为社会中一个重要群体，日益受到重视。科学分工越来越细化，把青少年作为研究对象的青少年独立学科的形成条件日益成熟，这些学科的成熟为青少年社会工作的形成发展奠定了可靠的科学基础。另外，社会还出现了专门为青少年的福利设立的法律法规或者社会公共政策，这些立法为青少年社会工作提供了有力的依据和法律保证，也使得青少年社会工作得到法律的认可或者成为政府社会福利公共政策的一个重要组成部分。

2. 不断扩大的青少年工作范畴

过去重要的工作内容，比如基本的教育、救济、进入习艺所学习等，得到了质的改变，由补救性的工作发展为全面服务性的工作。青少年的权利得到了前所未有的尊重，青少年群体的特殊需求得到全面的肯定，同时青少年群体中个体间的差异也得到了肯定。青少年的生理、心理、社会性的综合发展得到了全面的重视，服务的概念日趋深入人心。在青少年工作中，青少年自身的主体性地位得以实现，全面的青少年社会工作概念真正形成。

3. 青少年社会工作越来越专业化

这一时期，青少年社会工作的内容和领域较前一个时期大大扩展了，并且有了更加细致的分工和更为完善的体系。根据不同的划分角度，青少年社会工作更为细化：按照青少年社会工作的功能，划分为恢复性的青少年社会工作、预防性的青少年社会工作、发展性的青少年社会工作；按照青少年社会工作方法不同，划分为青少年团体工作、青少年个案工作、青少年社区工作等多个种类。专业化的青少年社会工作内容、领域、方法逐渐成形，产生了一批专业的青少年社会工作者队伍，并逐渐壮大。由此，青少年社会工作真正形成并走向成熟。这个时期的特征就是以全面服务青少年为青少年社会工作的宗旨,青少年社会工作的目标就是要促进全体青少年的全面健康发展。

4. 青少年社会工作有清晰的功能定位

在具体实践中,青少年社会工作的定位越来越明晰。首要任务是促进青少年健康成长的同时,实现自身的发展。次要任务是保障社会的安全与发展,青少年社会工作的主要内容就是为全体青少年的发展提供便利,在他们遇到困难时,能够及时伸出援助之手。总之就是"想青少年之所想,急青少年之所急"。同时,对一些过去不幸受到伤害的青少年,青少年社会工作中应该对他们提供援助,帮助他们增强适应社会的能力,能够让青少年从困境中走出来,和社会发展融为一体。所以,促进社会中全体青少年的健康发展成为青少年社会工作的基本功能。

青少年社会工作的另一个重要功能就是促进全社会的协调发展。青少年是社会生产的生力军和后备力量,青少年的发展是整个社会发展的基础和前提。通过社会工作,全面推动包括每一个青少年在内的全体青少年的健康发展,为社会造就大批合格的建设者,本身就是社会发展的重要组成部分。现代社会,特别是进入后工业社会以来,青少年群体成为社会中一个最有活力、最有创造力的群体,这个群体的能量得到了前所未有的释放,同时这个群体又是一个年轻的、缺乏经验的、容易冲动的群体,这个群体的巨大能量对整个社会的冲击越来越大,所以对他们的能量的释放必须有所指引,使得这种能力朝向有利于整个社会协调发展的方向。青少年社会工作正是通过真正尊重青少年的权利的方式,为青少年健康发展提供福利服务,以促进青少年的发展与整个社会的全面进步相一致。

总之,青少年社会工作是随着人类社会经济、社会发展的进程而产生发展起来的,它是现代社会的产物,在现代社会中它的作用也必将越来越重要。

第二章
青少年工作的相关理论

　　青少年社会工作是社会工作实务领域中的重要一环，要想对青少年工作有全面的认识，首先需要对相关的理论有所了解。本章为青少年工作的相关理论，主要围绕青少年工作的理论、青少年工作的价值观、青少年工作的伦理三个方面展开论述。

第一节 青少年工作的理论

一、心理学的相关理论

青少年发展不仅仅是意味着青少年身体上的成长与变化，更多地表现为心理方面的成长与成熟。健康全面的发展，包括青少年机体的发育，更为重要的是青少年心理的成熟和发展。特别是处于青春期的青少年，心理正受到强烈的震动和挑战，心理结构在这个时期呈现剧烈的变动状态。心理学知识和理论是做好青少年工作的基础，了解青少年的心理发展的过程和特征，将有助于我们帮助青少年健康成长。

（一）人本主义理论

人文心理学家在目前的心理学界，尤其是心理咨询界具有很大的影响力。特别是20世纪50年代以来，人本主义强调的"自我实现"理念深入人心。自我实现是人的一种先天的倾向，是人的根本动机，是一种积极的动机，它能激发人的积极性，使人不断地追求自身的进步。

1. 理论内容

（1）罗杰斯的心理学理论

罗杰斯是人文主义思想的奠基人，也是人文主义思想的主要代表。罗杰斯最早的研究成果就是采用了"以当事人为中心"的精神疗法。这一心理疗法着重于在心理疗法的过程中的非指导性原则。罗杰斯与以往的心理学家最大的不同，就是他改变了传统的心理医生和"患者"的关系。在传统的心理治疗中，医生是治疗的主要力量和重心所在，"患者"被认为是缺乏力量、缺乏能动性的。而罗杰斯认为正相反，心理医生不应该以指导者的角色出现，而应该以"当事人"自身为中心，通过真诚的倾听，给予当事人爱与关注，从当事人的角度和立场去观察分析当事人所处的位置和当事人的内在世界。罗杰斯认为每一个人都具有与生俱来的发展潜力，只要给予他们爱和关注，给予他们无条件的关怀，并对他们由衷的称赞，他们就能将自己的潜力最大化。

罗杰斯很重视顾问和客户间的关系。他把这段感情看成是一段职业关系，在这段感情中，最重要的就是真诚、倾听、关注、无条件的爱。医生不是以一种专家的身份自居，而是以当事人的伙伴关系存在，整个咨询过程就是咨询师陪伴当事人去发现他自己的世界的过程。在这个陪伴过程中，不是医生带着当事人去探寻自己，而是当事人在医生的陪伴下，把医生带入自己的内心世界，从而认清并化解了自己的问题。

罗杰斯非常强调主体自身潜能的调动，而非通过对潜意识的发掘和行为的改变。他相信当事人能够通过自己的努力来改变自己。咨询的重点也不是放在对过往经历的追寻上，而是放在当前情绪体验上，关心整个人格改变的进程。这种咨询成功的标志是，当事人整个人生态度的改变和自身能力的提高。罗杰斯还说明了咨询师与当事人的关系不但适用于咨询关系，而且在一切人际关系中都应该强调这种无条件的关爱与真诚的信任。

心理学过去的历史中，有许多关于"自我"的讨论，而弗洛伊德的精神分析学说把自我发挥到了极致。罗杰斯在早年非常厌恶这些关于"自我"的学说，很少使用这些概念。但是到了后期，特别是在他的心理咨询实践过程中，他发现自我对于个人人格的重要性，特别是自我在改变个人人格进程中所起的重要作用。后来罗杰斯也发展出他自己的关于"自我"的一套理论。

罗杰斯认为，自我是创造人格连续性和稳定性的最小单位。自我有两部分：一部分是真实的自我，指的是人对自己现状的感知；一部分是理想的自我，指的是人类对自己的理想。罗杰斯认为，人格结构的平衡与连续，不是指人格各部分之间、品质与行为之间、过去与现实功能之间的平衡与连续，而是指真实自我与理想自我之间的平衡与连续。由于现实中的我与理想中的我总存在着某种差距，这就激发了人追求理想而不断前进。但是如果现实自我与理想自我的距离过大，那么现实自我就会启动种种自我防御机制来掩饰现实自我，使这个虚假的"现实自我"接近自己的理想。暂时的自我防卫帮助真实的自己更接近完美的自己，但是过于频繁使用自我防御机制，最终会导致现实自我与理想自我距离不断拉大，最后，理想自我彻底破灭。

（2）马斯洛的人本主义理论

马斯洛（Abraham Maslow）是与罗杰斯齐名的人本主义心理学大师，他主张人文主义的心理学是一种真实的人类心理，它使人的本性得到了真实的体现，他认为传统的精神分析心理学和后来盛行的行为主义心理学都没有充分注意到人性的重要性，没有把人性放在心理咨询的首要地位。

马斯洛反对精神分析学派的观点，即人们处于无尽的心理冲突中，总是被压抑和隐藏。他认为，这是把人当作不健康的病人的心理学，真正的心理学应该建立在对人的正确理解之上，即人是健康的、积极的和有创造力的。马斯洛还反对行为心理学中的一些假设，认为这些假设，如"刺激反应"模型，只将人与动物进行比较，行为心理学的研究已经成为动物心理学的研究。他认为，人们具有主动性、自我意识和不断感知自己努力的能力。

马斯洛认为，人类能够发挥自己的全部才智、潜力、技巧，并尽力将自己的潜力发挥到最大。在现实生活中，人们并非如表面所见，无时无刻不在和别人较劲，相反，他们都在竭力做着自己想做的事情。人类的一切努力，都是为了达到自己的目的。

马斯洛认为，人类的最高需求和最终目标是人类的自我实现。他把人的自我实现需求与审美需求、认知需求、尊重需求一起归入到了更高的层次需求之中，并将其称为"成长需求"。这种需求，正是人类能够充分地发挥自身的潜力，不断地超越自己，从而达到人类奋斗的最高目标。人的自我实现需要的满足，就构成了一个人的生活的主题，在此过程中，人们的生活方式也随之发生变化。

除了上述的成长需求，还有较低层次的需求，如生理需求、安全需求和爱情需求等，这些都直接关系到个体的生存。马斯洛称之为"缺失需求"，即满足个体生理和心理平衡的需求。这些需求分为不同的层次，只有在某些层次的需求得到满足或部分满足后，才能出现下一层次的需求。但有时在特定情况下，人们可以超越低级需求，直接满足高级需求。

马斯洛还提出了"高峰体验"的概念，这种感觉就是当一个人感觉自己与外部世界完美地融为一体时，那种微妙的瞬间经历。人处于高度的自我约束，自由和敏感的状态的境界中，并且忘却周围存在和自己所处的时空的限制。而这样的巅峰经历只会让人在自我实现中获得某种成就。

在青春期，不同的需求最不稳定，高层次的需求不断演变。许多增长问题源于变化和满足不同的需求。我们可以用这个理论来解释和揭示青少年不同行为的内在原因。在具体工作中，青年社会工作是一种以青少年为主体的、以青少年为对象的、以个体为中心的、以群体为中心的社会工作活动。

2. 在青少年发展方向上的应用

首先，人本主义心理学所强调的自我实现对青少年发展有重要作用。自我实现在人本主义心理学中是一种先天的倾向，是人的独特的基本驱力。青少年正日趋走向丰富的社会生活，强调自我实现的理念，有助于帮助青少年树立积极向上、不断进取的乐观心态。在青少年时期就建立起这种乐观向上的心态将会激发出他们对理想的不懈的追求精神，使他们受益终身。

其次，人本主义心理学把人的潜力作为重点，认为每个人都是有潜力的，每个人都有自己的实力，如果一个人可以发掘出自己体内隐藏的潜力，并对其进行持续的开发，学会运用自己的力量，并通过对自己的发掘，去发现身边可用的资源，从而使自己变得更加完美，那么，个人发展的潜力将是无穷的。青少年的成长就是一个不断去挖掘自己潜力的过程，这个时期发掘的效果要远远高于成年以后。如果在青少年时期，他们的潜能没有被挖掘出来，成年之后，他们会出现诸如发展动力不足、信心不足等问题。青少年时期潜能的发挥对一个人整个人生都有着重要意义。

再次，人本主义强调主体的参照框架，每个人都只能站在自己的角度去认识自己和自己周围的世界，人并不是没有能力去解决自己的问题，只不过是在特定的情景中，人不能很好地去认清楚自己和自己所处的位置。只要人站在自己的角度，依赖于自己的理性，自己的问题就可以由自己来解决。心理咨询的作用并不是帮助当事人解决问题，而是咨询者尽量试图站在当事人的角度去看问题，通过陪伴当事人，给予他们爱和支持来让他们发掘自己的潜能，从而依靠自己的力量解决问题。青少年时期需要别人对他们的独立个性的承认，这种承认的最好表现就是承认他们的主体性，承认他们有自己的立场和视角。青少年社会工作者不应该站在一个与他们对立的立场来帮助他们，因为这样往往起不到真正好的效果，而应该试图从青少年自身的立场去看他们周围的世界，社会工作者只是作为一个伙伴，而不是教育者或者专家的身份出现在青少年面前。这样的身份和态度，不仅可以帮助青少年解决当前的问题，还可以使他们养成积极的、能动的人生态度，在今后的生活中出现类似问题时，也能够依靠自己的努力来积极主动地应对生活。

最后，人本主义心理学以建构治疗者与当事人关系为着眼点，主张治疗者应给当事人以诚挚、尊重、聆听、接受以及无条件的爱，并且认为这一关系不但可用于咨询关系中，而且也可用于所有其他人际关系中。在面对与青少年的关系上，家长和教育工作者也应该遵从这种关系。青少年并不因为他们已经长大就不再需要家长和老师的关爱与赞赏，相反，他们比幼年时代更需要别人的关注、爱和支持，而这种爱与赞美不应该是有条件的，更不能以父母、老师和社会的规范为标准，符合了这个标准就给予他们爱和赞赏，不符合这个标准就不爱他们、不赞赏他们了，这种有条件的赞赏只能促使青少年仅仅为获得这些赞赏和爱才去努力，这样就促成了青少年不健康人格的发育。相反，给予他们无条件的关爱和赞美，充分地尊重他们的独立性，真诚地对待他们的感受、去倾听他们的心声，只有这样，我们的帮助对青少年来说才是真正有利的。

（二）行为主义理论

1. 理论的主要观点

与精神分析和人本主义心理学不同，行为主义心理学不侧重于人的内心的本能或心理的发展，而是强调外部的条件，重视外部的环境因素对个性的影响。行为主义者强调心理学的科学，他们相信只有用客观的、可重复的、可量化的准确的描述，才能确保心理学的研究。

心理学不可能去测量人的心理活动，只能对那些外显的行为进行控制研究，相关项目拟利用实验室观测与实验相结合的手段，对外界刺激对动物行为的影响进行量化研究。

行为主义认为，人的行为和个性本质上都是由外部环境所形成的，个性是由一个人被加强过的历史所引起的外显性和内隐性反应的总和。人与人之间的区别仅仅在于人与人之间的经验被加强了。

实际上，人格在行为主义理论中并不重要，因为人格在这里相当于行为，即个体的行为通过环境的刺激而固定，形成个体独特的模式。从行为主义的角度来看，不同的人对相同的刺激可能会有不同的反应，这不是因为他们对外部环境的刺激体验不同。不同的刺激体验对当事人有不同的意义，会产生不同的反应。行为与随着环境而变化有关，而不是与持久特征、自然和自我等概念有关。

行为主义对环境的特殊作用的注重，抛开了传统心理学只注重对个人内在心理探究的特点，而把心理学的视野扩展到丰富多彩的外部世界，认为心理现象不过是外部世界对个人的作用结果而已，对心理现象的研究也只能通过对个体外现出来的行为的测量来研究。这样就使心理学成为一门可以测量的、可以进行客观研究的科学。

2. 对青少年发展的启示

对于青少年的成长，行为主义也有许多实用的理论。其基本思想是：青少年的成长取决于他们所处的特定的外在环境，什么样的环境就会培养出什么样的人，什么样的环境就会产生什么样的行为。环境对青少年的发展具有超过其他一切因素的决定作用。

青少年生长的环境有很多种，家庭是青少年生长的最基本、最原始的环境，也是对他们产生最大影响的环境，在这种环境下，他们需要学习最基本的生存技巧，掌握最基本的人际交往技巧，掌握某些常见的社会伦理准则和行为准则。这些学习一般都是以潜移默化的形式渗入青少年个人人格体系中去的。同时，家庭的经济状况、父母的教育和文化背景，甚至整个家族的社会地位，这些因素都决定了青少年在未来的社会地位、工作性质、经济状况、教育程度。此外，父母的价值观、世界观也会对青少年产生深刻的影响。

在青少年的成长中，除家庭之外，学校、社会等都是非常重要的外在环境，而整个社会现实，是青少年成长的最大环境。这些不同层次的环境对青少年成长的影响是不同的。家庭对青少年的影响是最深入的，方式也是最直接、最潜移默化的，影响程度最深。学校和社区是青少年成长的必要场所，在那里，他们学到了家里所不具备的条理，懂得了一种宽容的兄弟情谊；然而，在这里，他们又不得不面对另一种竞争和挑战——在学校和社区中，青少年开始学习如何来应对外界的挑战，以便将来走向社会。而社会对青少年的影响不是非常明显的，却是客观存在的，主要通过现代的大众传媒系统向青少年灌输社会的伦理和价值观。不同层次的环境影响着，并决定着他们未来在社会中的行为方式。

行为主义过于强调环境对人格的作用，以至于形成一种极端的、僵化的决定论理论。环境对人格的形成固然有重要的作用，但是片面强调这种决定作用就走向了相反的方向，完全忽视了人格在环境中的主动性和驱动力，忽视了人的独特性。人之所以为人，正是因为人具有自我决定的力量，人能够超越自己所处的社会环境，通过改变自己所处的环境来改变自己。这种能动作用使得人真正成为人。青少年时期正是开始了解社会、关注社会的时期。这个时期，青少年也正好开始形成他们自己的价值观和世界观，家庭、学校和社会所运用的一套价值体系，在青少年那里都会受到新的质疑，青少年的价值观会向这些传统的价值观进行挑战。面对外部世界，青少年内在的心理结构会发生一定的改变，他们不甘于成为环境的俘虏。这是青少年社会工作绝不能忽视的。

（三）社会学习理论

1. 班杜拉的社会学习理论内容

社会学习理论是以行为主义心理学为基础的，它对人的能动作用进行了补充，强调人与社会环境之间的相互作用，是对行为主义理论进行了超越的一个重要方面。美国斯坦福大学的教授班杜拉（Albert Bandura）是这一理论的代表人物。

班杜拉认为，人们既不受内部力量的驱动，也不完全受环境的支配，而是有自己独特的认知过程，并参与行为和人格模式的获取和保存。因为人们有认知活动，他们可以使用符号来思考外部世界，他们可以在不亲身经历行为的情况下预测行为可能带来的后果。这被称为替代学习或观察训练。这种认知能力使人们能够控制自己，使他们能够通过预测未来来适应当前的行为，并对自己的行为进行评估。

观察学习在社会学习理论中发挥着重要作用。人们通过观察了解外部世界，并获得大量关于外部环境的信息。特定的激励可以决定特定时间某些特定行为的发生。因此，他们在行为过程中有自己的标准。

班杜拉的研究以自我效能感为中心。自我效能是一种认为自己在某一特定情境下可以正常、高效地工作的信念。这个信仰与普通的信任是不一样的。这是对自己能力的一种特别评价，也是对自己的一种复杂的认识。自我效能通过各种途径对个体的知觉、动机、行为、工作效果、工作环境等产生影响，也是一种具有重要个性特征的组织因子。

2. 对青少年发展的启示

社会学理论对于青少年成长有着重大的理论指导作用。青少年在成长的过程中，也就是对社会文化、知识、技能、标准和价值观的学习。他们通过对外界情况的观察，并持续强化自己的行动，形成了自己的行动方式。通过对外界环境对个体行为的刺激与加强，个体行为是可以发生变化的。用这种方式，对于某些在发展过程中出现问题的青少年来说，只要对他们问题行为的形成过程和强化形式进行分析，就能够找出问题所在，进而通过对强化不良行为的方法进行改进，从而创造出新的行为模式。一切行为都已被习得，只要习得得当，一切不良行为都能得到改观。

二、社会学相关理论

人除了是一个生命有机体之外，还是一个有着独立人格的个体，同时，人还是一个社会的人，社会性是人的本质属性。青少年作为社会的一部分，在社会中，有着自己独特的地位和作用，同时青少年也无时无刻不受到社会的各个方面的影响。青少年的心理、生理发育问题无不与他们所生活的整个社会环境有着密切的关系。关于社会的理论，将帮助青少年社会工作更好地认识青少年与社会的关系，更好地帮助青少年社会工作者，通过自己积极的工作，促进青少年不断提高社会适应能力，发展正向的社会功能。

（一）越轨理论

1. 理论内容

默顿（Robert King Merton），帕森斯的学生，哥伦比亚大学的终身荣誉教授。他的越轨理论以新颖的视角揭示了社会越轨现象的一些规律，被西方社会学界认为是越轨理论的经典理论。这一理论对青少年社会工作具有重要的理论指导和实际应用价值。

默顿运用了一些解释要素，如文化目的、体制化手段等，来构建"偏离"的理论。他把道德败坏看作一种重要的自变量。"道德失范"是社会学上的一个基本概念。这一观念最早是由涂尔干提出的。涂尔干将"道德失范"定义为"法律秩序的缺位"或"社会秩序的混乱"。默顿则对"道德败坏"进行了新的界定，并将其归结为"文化目的"和"达到这一目的"的正当途径。

在他看来，当代的人们往往只关注目的，而忽视了实现目的的正当性，从而造成了道德的扭曲。对于社会而言，这是一种失灵。在这种社会里，人与人之间对于文化目的的选择是不一样的，因此，实现这一目的的体制化方式也是不一样的。默顿从人的目的以及实现目的的途径等方面，总结出五类人的行为方式，并指出，在这种情况下，社会的不规范会使人产生更多的偏差。以下是四个行为模式：

（1）从众方式

适应方法主要针对那些在社会中接受过良好教育、工作非常谨慎、采取认同社会共同文化目标的态度、能够实现社会认可和通过制度方法认可的文化目标的人。这种类型的人不会做出离经叛道的行为。

（2）创新方式

这类人关心认同社会的普世价值观和文化目标，并准备为实现这一目标而努力，但与第一类人不同的是，他们不遵守规则，也不希望将自己局限于一些既定的社会规则，更喜欢使用新的工具和不同的方式来实现他们所认同的社会和文化目标。这种类型的人可能会违反一些社会规范，即越轨行为。然而，他们仍然对整个社会目标体系采取认同的态度。

（3）仪式主义

在社会中也有一类人，他们不同于那些具有创造性的人，他们不认同社会的文化目标，但是他们在行为上并没有表现出一种抗拒的态度，而是依然遵循着社会中既定的规范。

（4）逃避主义

默顿认为，在社会上总有一种人，他们不认可社会的融合，但又不能用正当的方式来实现自己的目标，所以他们对社会的融合和制度化的方式都不能接受，从而离开了社会。

2. 对青少年工作的启示

默顿的越轨理论对青少年社会工作有重要的指导意义。未成年人犯罪及未成年人的某些反社会行为，均可视为未成年人的"偏差"。对于不同的青少年，他们有不同的越轨行为，应当对其产生的原因进行具体的分析，在对他们的个人价值体系以及他们所在的社会经济、政治环境进行认识的基础上，对他们的社会目标体系以及他们达到目标的手段进行了解认识，进而在更深的层面上对他们的越轨原因进行认识。只有这样，才有可能在更深的层面上，把他们从一种负面的、反社会的、反生活的状态中完全解放出来。

（二）社会角色理论

社会角色指的是一套行为模式，这些模式符合人们在社会关系体系中的地位，也符合社会对处于该地位的人的行为的期望。简单来说，社会角色是社会认可和期望处于特定位置的人的一组行为模式，而不仅仅是特定人的特定行为。

当一个人处于特定的位置时，他们必须与其他标志有关系，人们通常将围绕社会地位形成的某些标志称为标志丛。任何一种社会地位都会使个人卷入多种角色关系。也就是说，当一个人进入一种新的地位时，通常不是获得某一个单一的角色，而是获得一组角色。

在一定的时空范围内，总是有一套比较理想的行为规范来指导人们的行为，这种被期待的、理想的行为规范体系就叫作理想角色。每个社会成员都要根据自己扮演的角色履行自己的职责，只有履行自己的职责，才能使自己的行为得到最完美的实现。在真实的社会生活中，人的实际行为方式被称作"真实的角色"。现实中的人物和他们心目中的人物之间总有一段距离，这个距离就是所谓的"角色差距"。

1. 理论内容

（1）默顿的角色丛理论

1957年，默顿发表了他的论文《角色丛——社会学理论问题》，引起了社会学界的关注。在他的论文中，他首次定义了地位和角色。根据默顿的观点，身份是一个人在社会结构中享有与之相对应的权利与责任的职位；角色是一种基于他人模式预期的行动。

默顿认为每个人的地位不只对应一种角色，而是一组角色，他称之为"角色丛"。在他看来，角色群是对角色关系的一种互补，是由角色所处的特殊社会位置所决定的。社会安排将处于角色丛的人们的期望统一起来，由此避免角色冲突。

默顿认为，在人物群落中，有四种机制可以缓和人物之间的矛盾。他引用了美国大学生的例子，解释了这种缓冲性的原因。例如，一个大学生所扮演的角色，可以是老师、学生、学院顾问、登记员、寝室管理员、学院院长等。在这些大学生中，第一，某些人多少卷入了与大学的关系，于是这种程度不同的卷入便生成各种不同的人物所期待的效果。第二，在不同的人物群体中，有些人会彼此争夺权利。卷入冲突可以给角色以更多的自主权。第三，将一个角色群中的成员，从一个角色的行动中，恰当地分离出来，例如，一个学生和宿管之间虽然有某种关系，但是其他人无法从宿管的身上，知道学生的一些行动。第四，在很大程度上，可以观察到角色群中成员之间互相冲突的需求。如果产生这种状况，角色丛成员而不是角色本身的任务便是解决矛盾和冲突。默顿认为，地位不同的人士之中相互间的社会支持，有利于解决角色丛成员中预期的矛盾。

（2）米德的角色扮演

如果一个人有条件扮演某个角色，并遵循这个角色所要求的行为规范，这就称为角色扮演。米德首次提出了角色扮演的概念，他认为人们通过角色扮演履行一定的社会责任，并与其他角色互动。角色扮演不仅是成人交际的一个特征，也是人类社会化的基础。儿童可以成为社会的一员通过扮演着不同的角色。在现实生活中，人们经常把自己放在他人的位置，可以更好地发挥自己的作用，了解他人是如何看待自己的。这种方法可以加强人们对自己角色的认同，使他们能够维持或改变自己角色的行为。

角色扮演是一个变化的过程，第一步是了解社会对角色的期望，了解不同的角色规范，学习社会常见的行为模式。这样的学习为人们发挥社交作用奠定了基础。第二步是提高人们对该角色的认识。对个人在社会中的作用的期望只是一种外力。为了发挥良好的社会作用，有必要将这种外部规范转化为内部要求，即提高角色意识。角色意识是指人们清楚地意识到自己在承担某种角色时的责任，意识到社会和他人在行动中的期望，并决心用自己的行动来表达社会的期望。第三步就是去实践角色规范和表现角色行为。在实践中会遭遇到一些意外的困难和挫折的时候，这个时候就需要进行角色创造，创造性地运用行为标准，或者是对自己的角色行为进行及时的调整，才能更好地对新的局面作出反应。

在角色扮演过程中，存在着许多问题，其中最常见的就是人物之间的冲突。正如前面所提到的，角色冲突是指在扮演一个角色时，一个人同时承担的多个不同的角色，对他的期望之间产生了矛盾，很难调和，因此导致角色扮演者出现进退两难的现象。角色的冲突常常会让人对角色的选择犹豫不决、迷茫，所以需要不断地去适应、去克服。

另外一个角色扮演中常遇到的问题是角色中断。"角色中断"是指当某个角色因某些原因而被迫结束其原本的角色时,其所扮演的新角色和原来的角色有很大区别。人在一生中,随着年龄的增长以及客观条件的变化,总是会先后扮演多种角色。在通常条件下,人们的角色转换都是逐步完成的,人们在承担着一种角色时常为承担下一个角色做好物质和思想上的准备;当这种准备没有做好时,或者前后两种角色的行为规范直接冲突时,角色中断就有可能发生。

当一个人的角色扮演过程中产生了一系列的问题,而又没有一个人能够及时地解决,那么这个人的角色就会失败。角色失败是一种因为各种原因而导致的角色表演不能继续进行的一种现象。当然,角色失败仅仅是从一个过程来说,是相对的失败。实际上,人生总是不断面临失败和成功,每个人都应该从角色失败中总结经验教训,重新调整自己的角色行为,以便再次扮演好新的角色。

2. 对青少年工作的启示

在青少年的成长中,他们会不断地扮演不同的社会角色,同时,他们也会处于一个角色丛中,在这个角色丛中,他们会与不同的角色产生不同的关系,在这种关系中,不同的角色会发生不同的冲突,青少年要学会从不同的角色冲突中寻找解决的方法。这是一个不断成熟和发展的过程。此外,在青少年的成长过程中,还会有许多的角色转变,在这个转变的过程中,要及早做好成功地进入下一个角色的准备,特别是在前后两种角色的行为规范存在较大差别的时候,更要为下一个角色做好充足的物质和精神准备。这样才能更好地适应未来的社会角色,可以在青少年时期做一些角色扮演的活动,在一定的时间和空间内,让他们学会扮演特定的角色。在游戏氛围中,让他们初步了解他们必须承担的责任,这对他们将来真正进入那个角色非常有用。

(三)冲突理论

1. 理论内容

(1)冲突的本质

冲突理论是社会学理论中的一大流派,马克思、齐美尔、达伦多夫、科林斯等都是冲突流派的代表者。科塞的冲突理论更多地从齐美尔那里出发,具有很多功能主义的味道。他没有跟随马克思或达伦多夫强调冲突的破坏性后果,通过强调冲突对事实系统的整合性与适应性功能来修正达伦多夫的分析。他认同齐美尔的观点：冲突提高了社会系统，是社会系统的关键部分的整合。

科塞认为，冲突产生的主要原因是不平等制度的统治者质疑现有有限资源分配的合法性，或者统治者的相对软弱和不公正的加剧。他认为，废除合法性本身不一定会导致冲突，而应先引起民众的情绪反应。当人们对美好未来的期望突然超过实现这些期望的条件时，他们突然被要求寻求冲突。激励水平受他们对现有制度的承诺、由此产生的内部约束以及制度的社会控制水平和性质的影响。

科塞着重阐述了在亲密关系中，爱与恨并存的观点。亲密无间，就意味着有更多的可能，会有更多的怨恨和愤怒。矛盾和冲突是关系中的一部分，但这并不意味着关系就会破裂。科塞认为敌意和冲突所采用的形式及其在不同情况下发生的相对频度必须依靠社会制度和社会角色来加以解释。在各个不同的国家或社会中，子女与双亲之间的争斗程度就很不一样。他指出：一般地说，在此亲密关系中怨愤总是难以避免的，但是父亲拥有权威的程度在文化背景方面存在着巨大的差异。另外，子女在经济方面是否独立，使子女担当既定的成人角色的步骤是否明确，家庭的其他成员是否在核心家庭之外以及实际的和感情上的支持等，也存在着不同文化背景方面的巨大差异。科塞的研究正是着力探讨诸如此类的"结构因素"与人的情感之间的互相作用的方式。

（2）冲突的分类

科赛认为冲突可以分为两种类型：真正的冲突和非真正的冲突。在真正的冲突中，个人或团体只是将冲突作为获得他们想要的东西的最有效方式。这种冲突被认为是合理的，可以从制度的角度来解释。如果个人或团体能够在不经斗争的情况下实现他们想要的目标，他们就会放弃冲突。不真实的冲突，无论是否得到承认，都会自行解决。虚幻的冲突是缓解紧张局势和确认人们身份的一种方式。它体现的敌意实际是出自其他原因。在现实中，某一个冲突往往既包括现实的冲突，也包括非现实的冲突两个部分。

冲突可以分为两类：外部冲突和内部群体冲突。这两种类型的冲突决定了一个群体能否在保持稳定和增强凝聚力的同时创造自己的身份。冲突是共享社会系统中划分不同群体的范围，加强群体的意识和独立性，从而创造出系统中每个群体的身份的过程。外部冲突往往会加强群体内部的关系，有助于建立和确认群体的身份，并有助于维护与周围世界的边界。外部冲突通过引入一个强大的负面参照群体，使群体成员意识到自己的身份，也加强了社会成员的参与。内部冲突可以增加一个群体的生存，增加其集中度和稳定性。尤其是当冲突为个人提供了安全阀，恢复了平衡或团结了一个开放的社会时，内部冲突的有效性对群体来说尤其明显。

在一个没有表达敌对情绪渠道的、僵化的社会结构内，冲突一旦发生将会是暴烈的、破坏性的。内部冲突实际上会导致统一和平衡的重建，如果冲突涉及关系的基础，那么冲突就可能会造成分化而不是促进更大的统一。在婚姻关系中，关于是否要孩子的冲突涉及有关婚姻关系之目的的基本一致的协议，所以有关此类问题的冲突不是也不可能是统一的，内部冲突之所以重要，是因为"结构松散的社会内部的稳定性可以部分地看作各种纵横交错的连续事件之产物"。科塞还认为，在大部分学生比较成熟的大学校园内，发生学生与校方、教师的暴力对抗的可能性比那种学生生活仅限于校园的大学要小得多。

2. 对青少年工作的启示

科塞的冲突理论对我们做好青少年社会工作有很大的借鉴作用。青少年在逐渐走向成熟的过程中，总会与身边的人、团体产生各种矛盾，在这些矛盾中，有些具有积极的作用，有些则具有消极的作用，有些则会随着年龄的增长而逐渐消散，有些则需要他们自己去面对。青少年应该怎样去面对、去思考、去解决这些问题，需要父母、教育工作者和社会工作者的共同努力。

第二节 青少年工作的价值观

一、价值及价值观

社会工作专业受到价值观的深刻影响，在其发展过程中，社会工作专业已形成了自己的价值观，这些价值观对青少年社会工作专业产生了重大影响，指导着社会工作者的实践活动。

价值一词源于拉丁文"valere"，其含义是有力的、超越的、有价值的。但是到了后期，学者们对于什么是"价值"的定义却各不相同。穆雷尔相信，价值观是一种被个人或者社会团体视为优先的行动，他们隐含着一种对生活方式、目标、生活条件等的不断的偏好，常常与一种强烈的情感相联系。赫伯特强调，价值观是一种社会中的一种或几种基本准则，它体现在一种体制化的行为方式中，并促使人们在一种不自觉的情况下，愿意接受这种准则的控制或统一逻辑参照体系但却有着共同理解的架构内，根据相互关系来行动。米尔顿则把价值定义为：一个持久的信仰，即一种存在的具体样式，或者终极状态相对于一种对立或相反的存在样式，或者终极状态是个人或社会所偏爱的。他还指出，价值并不是单独存在的，而是以一种系统的形式存在的，即个体的价值是以其相对于其他价值在社会中的信念，是一种人的行为倾向，是一种指导。

价值和知识有所不同。平克斯（Pincus）和米纳汉（Minahan）在区分价值和知识时指出：价值是指对于人类而言，什么是正确的信仰、偏好或者假定。他们不是关于这个世界是什么样子以及我们对这个世界是什么样子的看法，而是关于这个世界应该是什么样子的看法。因而，价值陈述并不从属于科学调查，它们必须在信仰的基础上来接纳。因此，只有联系被用作一个标准的特殊信仰系统或伦理守则，我们才可以说一个价值是正确的或错误的。约翰逊（Johnson）也指出：知识和价值常常混淆在一起，把社会工作实践的这两个重要构成因素区分开来是重要的——知识至少在潜在上是可以证明的，经常用来解释行为和对实践进行概念化；价值是不可证明的，它们被认为是意愿所指，通常用来识别什么是优先的。

可见，价值与知识至少有以下区别：首先，价值强调的是"应然"，而知识强调的是"实然"；其次，价值从属于信仰，而知识从属于科学；再次，价值是不可证明的，而知识是可以证明的；最后，价值指导着人们对行为做出选择，而知识指引着人们对行为作出解释。

价值或价值观可以分为几个层面：第一个层面是一个人的价值观，它指的是一个人拥有的价值观，而其他人并不一定拥有；第二层面为群体价值，即亚群体所持的价值观念，如宗教、民族等；第三个层面是一种社会价值，它是一种被社会体系中的大多数人所承认的价值，或至少被其领导者或其发言人所承认的价值；第四个层面是职业价值，也就是像社工这样的职业团体所声称的价值。虽然这四种价值观念之间存在着一定的矛盾，但是却是相辅相成、互惠互利的。在很多时候，很多情况下，虽然不同层面的价值往往在诠释上，优先程度上，力度上各有不同，但却很少出现不协调的现象。

二、青少年社会工作的价值观

关于社会工作价值观的具体内容,这一问题,学术界众说纷纭。贝姆根据社会工作对人、对社会、对职业的看法,总结出社会工作的价值取向:

第一,每个人都有为自己而生的权利,而每个人也都有为实现自己而努力的权力。

第二,身为一名社会成员,每个人都应该寻找一种方式来实现自己,从而对社会做出贡献。

第三,社会有责任帮助个体实现自身价值,并有权使用它的成员所做的贡献来让它自己更加丰富。

第四,每个人都需要一个和谐发展的社会,给他足够的力量,让他有机会去满足自己的身体、心理、经济、文化、美学以及精神上的各种基本需要。

第五,随着社会的日益复杂化,人们的相互依赖程度越来越高,对职业社会组织的需求也越来越迫切,以帮助个体实现自身价值。

第六,为使每个人既可以实现自身的价值,又可以对社会作出贡献,社团应尽可能地在种类、质量上尽可能地扩展,使之既符合个人的需要,又符合社会的需要。

莫拉莱斯(Morales)和谢弗(Sheafor)将社会劳动的价值划分为三种:

第一,是人的价值取向。每个人都有自己的价值和尊严,这就是所谓的"天生我材必有用"。每个人都有追求更美好生活的能力和动力,每个人都要对自己和别人负责,也就是说,在他们的生命中,除了他们自己,还有别人。每一个人都有自己的需要和不同的喜好。

第二,偏爱社会价值观。社会应该为每个人的发展和发展,以发挥他们最大潜力的机会。社会应该为人民的需要提供各种资源和服务,同时也要防止出现"吃而不饱""学而不精""病而不医""住而不住""种族歧视"等问题。每个人都有同样的机会参加一个社会塑造的进程。

第三,社会劳动的功利性。每个人都应该受到尊重和维护自己的尊严。社会应该给予每个人最多的机会,让他们自己确定人生的方向。社会应该帮助每个人相互交流,让每个人都能得到满足。每个人都是独一无二的,不能用陈规旧习来看待每个人。

赫普沃斯（Hepworth）、鲁尼（Rooney）和拉森（Larsen）把社会工作的基本价值观概括为四个方面：

第一，人类有权获取解决问题和开发潜力的资源。社会工作专业一向关注人类生活在社会中的快乐与否，它的关注点是环境对人们生活中各种问题的发生、发展和恶化的影响。所以，社工们致力于为客户提供制度上的支援，以帮助客户取得他们需要的资源。为了实现这个基本的专业价值，社会工作者需要保持对这个专业价值观的承诺，能够利用社会资源，制定并执行各项政策与服务计划，以有效地满足人民的需求。

第二，人类的价值、人类的尊严，都是从出生就存在的。社会工作者认为每个人都有其内在的价值及尊严，不论其过去及现在的行为、信仰、生活方式及生活境遇为何，都应该在其承担责任的同时，维护其自身的尊严及价值。社会工作者们常常把这种职业价值和其他有关的观念联系起来，例如无条件正向的、非强迫性的关怀、接纳和尊重。

第三，每一个人都有自己独特的个性。社会工作者应该相信，每一个个体都是独一无二的，并且应该为之付出努力；对当事人个体差异的尊重与接受、不批判性的态度之间存在着紧密的联系。对于一个社会工作者来说，这两点都是很重要的价值观。人与人与生俱来地在外观或心智上有很大差异，每个人的生活经验更是大相径庭，因此，每个人都与另一个人非常不同。为了维护案主的独特性，社会工作者必须要认同上述价值观，为了更好地理解他人，要走进当事人的主观世界，要相信当事人的个性是非常丰富和复杂的。

第四，只要有合适的资源，每个人都有自己的发展和变化的能力，所以，对于处于任何境况中的人，都应当给予支持，以便他们能够更好地解决问题，并提高他们选择生活方式的机会。社工们尊重人们的自主权和在帮助过程中的主动参与。这种价值观隐含了对案主能成长、改变及发展解决困难策略能力的信任，并且相信案主能负责任地自由尝试所选择的信任目标。如果社工采用了"以能力为导向"的观点，重视客户的积极品质和潜在潜力，而不是强调案主过去的错误和限制时，社会工作者便实现了这一价值观。采取这种取向的观点，让案主感觉到自己充满了希望，受到了鼓舞，并且可以帮助案主建立自尊。

社会工作作为一门独立学科，也具有相对独特的价值观，主要包括：个人对其在社会中的首要地位的承诺；社会变革的义务，以满足公认的社会需求；致力于社会上所有人的经济、身体、心理健康和社会正义；尊重和评估个人和群体之间的差异，并致力于个人待遇；培养案例负责人的能力，帮助他们致力于自助；致力于向他人传授知识和技能；致力于将个人情感和需求与职业关系分开；尊重案件持有人隐私和保密的义务；尊重不断改善案件持有人状况的义务，无论个人遭遇何种挫折；致力于高标准的个人和职业行为。

三、青少年工作价值观的功能

青少年工作价值观在社会工作实践中具有的重要功能可以概括为以下四个方面：

第一，为青少年工作制定任务。无论是创立这个行业的人，还是现在的人，都坚信社会工作最根本的目的与任务，就是为那些在生命中遇到困境的人提供帮助。社会工作并非纯粹的技术工作，是一种以各种服务为目的，以价值为依据，为弱势群体提供帮助的工作。青少年工作的价值观既不是随意易变的准则，也不是对外部社会价值的一种折射，更多的是一种对集体责任的反思。

第二，协助青少年工作主体处理与案主、同事及社会成员的关系。青少年工作主体的价值观会影响到其与案主、同事、社会成员的关系，以及会选择为哪类人服务。例如，一些青少年工作人员会挑选他们心目中的受害人，例如受虐儿童、先天重度肢体残疾的人；有的会挑选施暴者，例如性侵犯的重罪犯；一些机构选择为低收入家庭提供服务；还有一些是为有钱人家服务。这种抉择在一定程度上与青少年工作中所体现出来的价值取向有关。

第三，帮助青少年员工正确地选择他们的服务风格。青少年的工作价值观，将会影响到其服务模式的选择。例如，有些青少年教职员工在对待有不良表现的青少年时，往往会采取"当面询问"的方式；部分青少年教员则认为，当面讯问缺乏人文关怀，从而更注重被访者的独立性，以及与其心理疏导的关系。

第四，在实践中帮助青少年工作的主体解决道德困境。当职业职责与义务相抵触时，青少年工作的价值观念，将对处理道德困境产生影响。道德困境往往与价值有关的冲突。例如，青少年工作主体一方面要尊重案主自我决定的权利，另一方面又要遵守虐待儿童必须通报的法规。面对伦理两难时，青少年工作主体最终的决定是基于其对青少年工作价值本质的信念尤其是有关特定的专业责任与义务，取决于其认为何种价值应优先考虑。

第三节　青少年工作的伦理

伦理指人与人相处的各种道德准则，也是人与人之间关系中所保持的价值信仰与行为规范，主要是指个体对自身行为的调控与调控，以及对他人行为的预期标准。伦理与价值观是密不可分的，是支配与被支配的关系，价值观决定伦理选择。

一、青少年工作伦理的内容

青少年社会工作伦理是青少年社会工作价值观在实务中的具体体现，是青少年社会工作者在实务工作中需要遵守的行为规范与准则。

（一）尊重青少年尊严与肯定价值

青少年阶段，生理和心理的发展和变化使他们内心变得丰富且敏感，这就更加凸显了在青少年实务过程中尊重的重要性。青少年社会工作者在服务过程中要尊重青少年个体的独特性，要让他们时时刻刻感受到尊严，即使有的青少年的行为存在偏差，社会工作者也不能完全否定其价值。

（二）接纳青少年

接纳是青少年社会工作专业服务的重要任务，只有完全接纳青少年才能建立社会工作者与服务对象之间良好的专业关系，促进助人目标的实现。此外，在青少年阶段，多样化的需求使得其更加需要得到他人的关心、爱护和理解，社会工作者要做到接纳和包容青少年在生活习惯、行为方式等方面的差异，对青少年做到充分接纳与关怀，促进青少年成长。

（三）尊重青少年的自主决定权

在社会工作服务过程中，青少年对于自己的事务享有自主决定权，社会工作者也要始终尊重青少年的价值和尊严，相信他们具备处理好问题的潜能。但青少年的自主决定并不意味着社会工作者完全没有权利去干预其所做的决定,如果青少年的决定影响到社会工作者的正常工作或是危害到他人或者社会利益时,社会工作者则要适时调整和及时干预。

(四)做好保密工作

在青少年社会工作实务中,保密是建立双方信任和良好专业关系的核心。社会工作者在未经服务对象同意的情况下,不能将青少年的个人信息和有关隐私透露给第三方,以保证助人工作的顺利进行。如果社会工作者违反保密要求,随意透露服务对象情况,则不仅要承担对案主的责任,还会有损专业声誉,甚至承担法律责任。

(五)进行个性化的青少年工作

每个青少年的成长环境不同、生活阅历不同,因此在为人处世、待人接物、行为模式、生活习惯等方面都存在一定的差异性,受文化、种族、民族等条件影响,青少年之间还会在宗教信仰、文化习俗等方面呈现显著差异。因此,社会工作者应为不同的青少年定制个性化的服务方式,在制订计划和选择介入方法时要以适合青少年为原则。

(六)帮助青少年适应社会环境

随着社会的发展,青少年在学业学习、人际关系、就业发展和社会适应等方面都显现出诸多问题,这些问题直接导致青少年成长和发展的困境,特别是随着经济发展水平的提高,各种亚文化在逐渐影响青少年的身心健康。因此,社会工作者要协助青少年开发不断适应社会变化的能力,通过专业方法和技巧的应用,帮助青少年健康成长。

(七)不断学习以保证服务质量

在青少年社会工作中,社会工作者接触"边缘青少年"的频率比较高,这就非常考验社会工作者与其打交道和适时调整工作计划的能力,而且由于青少年敏感的性格,社会工作者更加需要倾注心血和精力。此外,由于目前我国专业社会工作者人才缺乏,且社会工作者的工作强度大,专业目标有时会和机构目标有冲突，因此社会工作者常常会出现职业倦怠的心理。社会工作者也是人，也需要排解压力和抒发情绪，更需要不断学习新知识、补充新能量，在为青少年提高专业服务质量的同时，保证自我的身心健康。

二、青少年工作中的伦理困境与选择

青少年社会工作是一种专业的道德实践过程，它不是想当然的介入过程，而是在专业价值观和道德规范的引领下，面对服务对象的问题而开展的助人活动。在现实生活中，由于服务对象问题的复杂性，青少年社会工作者常常会面临一些伦理困境。伦理困境是指社会工作者在社会工作实务中，面对复杂的情境现实而陷入的多元性价值冲突与多样性伦理选择的艰难境地[1]。

（一）困境的具体表现

1. 案主自决与社会控制的矛盾

案主自决是青少年社会工作实践中必须要遵循的原则，但是由于青少年社会阅历较浅，社会工作者可能常常遇到家长、学校和青少年三方决定相悖的情形，或者由于青少年部分能力受限，必须由监护人代为决定的情形等，这都会对案主自决发起挑战。

2. 平等尊重与父权主义的矛盾

青少年和成年人一样享有被平等尊重的权利，且社会工作服务开展后，青少年与社会工作者之间建立的是平等互信的合作关系，但这种平等尊重的价值关系往往与父权主义有所冲突。从父权主义看来，青少年不具备独立处理问题的能力，在问题的判断和决策上，青少年需要成年人的帮助和关心，这样的情形会影响社会工作者与青少年之间建立平等尊重的关系。

3. 专业自主与家长权威的矛盾

家庭是青少年的保护地和栖息地，青少年社会工作者在开展社会服务时需要家长的积极参与和配合，也容易被家长的权威左右，尤其是年轻的社会工作者与年长的青少年家长之间，冲突更加频繁。有些家长虽然认可社会工作者的专业性，但并不完全信任其专业能力，使他们的职业判断受到影响。所以，要在专业自主

---

[1] 罗肖泉.青少年社会工作伦理议题[J].社会工作，2007（01）：15-19.

权和专业自主权之间找到一个平衡点。家长权威也是青少年社会工作者需要思考的重要伦理议题。

4. 隐私权与监护权的矛盾

尊重青少年隐私、遵循保密原则是青少年社会工作伦理实践中的重要原则。然而在具体的操作过程中，由于青少年生理、心理等方面发展不够成熟，父母对青少年子女具有知情权和监护权，社会工作者常常会遇到青少年隐私权与家长监护权之间的冲突。

5. 服务对象利益与其家庭利益的矛盾

站在服务对象的立场思考问题，维护服务对象的利益是青少年社会工作者时刻要遵循的伦理守则，但在具体的实践过程中，服务对象利益、服务对象家庭利益、机构利益等多方主体利益交织在一起，使得社会工作者面临多重利益冲突。

6. 青少年的权利和父母的权利的矛盾

作为青少年，有选择更好生活的权利；作为父母，也有追求更好的事业和生活的权利，两者常常不能兼得。有时，当青少年行为出现偏差时，多半是家庭中父母监管照顾不到位或者是家庭结构失衡所致，社会工作者不能把责任归咎于父母，但也不能因为父母的自由权利就赞同他们忽视对子女的养育。

7. 青少年社会工作者角色的矛盾

在青少年社会工作中，社会工作者要充当不同的角色，既要满足青少年的多元需求，又要增强其社会功能，促使其能在社会上正常生活，维持社会稳定，同时，社会工作者还要为争取青少年利益多方奔走……不同角色间的转换常常会使社会工作者陷入角色冲突中。

8. 多元期待产生的矛盾

青少年社会工作者在服务计划开展后会接触到与青少年有关的多方行为主体，如家长、学校、机构和社会，当这些行为主体对社会工作者的期待存在冲突时，社会工作者就面临何去何从的伦理困境。

9. 多元价值的矛盾

随着社会的不断发展和变迁，文化种类和文化形式都变得多元，加之青少年自身的敏感性和好奇心，社会上通行的价值观不一定能被其遵照执行，社会工作者在帮助青少年矫正偏差行为、适应社会的同时也会面临多元价值的冲突。

10.传统观念与专业观念的矛盾

受中国传统思想观念的影响，孩子不仅被家长看作生命的延续，更是家庭梦想的延续，孩子自由独立的权利会受到家长的限制。此外，很多时候当青少年面临困境或危机时，家长会产生"家丑不外扬"的想法，坚决拒绝社会工作者的介入，这就为社会工作者开展服务工作带来一定难度。

11.理想体制与现行体制的矛盾

许多青少年的问题都与当下的社会制度有关，社会制度的不健全导致青少年产生逆反心理，社会工作者在帮助青少年疏解情绪的同时，也要扮演好自己作为政策倡导者的角色，但往往政策的变革历时较久，甚至需要几代人的共同努力才可以，因此，虽然理想是美好的，但是和现实之间的差距和矛盾也不能忽视。

（二）青少年工作的现实伦理选择

伦理选择，又称伦理决定、伦理抉择，青少年社会工作伦理选择是指在青少年社会工作实践中，对与道德相关的问题进行分析与评价，以形成适当的、道德的职业规范。对于从事青少年社会工作的人来说，常常会面临价值两难的情境，虽然没有一个可以应用于实际的标准公式，一个理智、负责的青少年社工应谨慎思考作出价值选择，遵循具体的伦理抉择步骤，保护服务对象的权益不受侵犯。综合各专家和国际社工界提出的伦理抉择步骤，大概可归纳出伦理选择的基本框架。

第一，认识伦理问题，保护青少年生命。

第二，分析社会工作者自身权利义务，识别伦理决定境况，维护青少年独立、自主和自由。

第三，正确认识伦理行动的过程，分析可能存在的利弊和风险，促进青少年平等参与社会。

第四，深入了解伦理决定中涉及的人支持或反对的理由，提升青少年的生活质量。

第五，向同事或专家咨询，但在此过程中要遵循保密原则。

第六，作出伦理决定并完整披露所有相关信息。

第七，监督和评估伦理决定，在价值观和伦理守则的约束下规范服务。

三、青少年工作的伦理原则与作用

（一）青少年工作的伦理原则

1. 关爱与保护原则

青少年正处于身心发展的重要阶段，在这一时期，青少年社会工作者在开展服务时应给予青少年无限的关爱和保护，坚持生存权优先于其他权利保障，把青少年的生命健康放在第一位。

2. 发展性原则

青少年社会工作的最终目标是促进青少年的发展，使其不仅在生理和心理上逐渐成熟，更重要的是完成社会性成熟，获得独立自主的机会和形成自我意识，帮助其树立正确的人生观、世界观和价值观。

3. 主体性原则

开展助人工作时，要充分尊重青少年的主体性原则，坚持青少年的自决权优先于其他基本需求的满足。社会工作者应配合案主在整个决策过程中不同阶段的需要，采取诸如探索期望、讨论目标、促进抉择、完成决策、付诸行动等阶段性做法。

4. 注重自我形象原则

社会工作者的素养和行为对服务效果和专业形象至关重要，所以青少年社会工作从业人员要始终奉行伦理守则，注重自我形象，对违反专业价值的行为进行约束和限制。

5. 注重社会责任原则

在青少年社会工作中要始终践行社会使命，注重实现社会责任感，坚持法律规范优先于道德和感情，在维护青少年个体或群体利益时要坚持公平与效率兼顾、公平优先于效率的基本原则。

6. 关注处境原则

每个青少年的生活经历不同，因此，社会工作者在服务过程中应关注青少年的处境，着重把握其因生活处境的差异而产生的心理变化、形成的行为模式，及时干预和介入，最大限度维护青少年的利益。

（二）青少年工作专业伦理的作用

1. 判断青少年专业服务是否适当

青少年工作的专业伦理为青少年工作主体开展实务提供了依据和指导，成为检验青少年工作主体开展专业服务是否适当、自我约束是否规范、对服务对象是否妥当的准则和标准，也将社会工作专业性服务与一般性的助人服务区分开来。

2. 保障青少年权利

青少年工作是社会工作在青少年实务领域的具体化过程，青少年工作主体在服务过程中会与不同类型、处于不同困境的青少年接触，青少年工作主体作为提供服务的人，难免在此过程中与青少年产生冲突和争执。当冲突发生时，青少年工作伦理作为评判标准，不仅可以维护青少年工作主体的形象，还可以在维护双方良好关系的基础上和平解决争端。

3. 减轻青少年工作主体伦理抉择压力

在伦理道德的范围内，没有唯一正确的伦理规范，对青少年工作主体来说也是一样，当面临两难境地时，青少年工作主体也会产生压力和困惑。这时，青少年工作伦理会提供一整套价值、原则和标准引导青少年工作主体理清思路，帮助青少年工作主体权衡利弊后作出决策。

4. 帮助青少年工作主体自我反思

青少年工作主体不仅是服务提供者，在服务过程中，青少年工作主体也在不断地学习与进步。青少年工作主体在伦理守则的规范和约束下与服务对象共同探索期望、完成目标制定并实施介入计划的实践过程，也能帮助其自我反思，积累服务经验。

5. 奠定社会对青少年工作的信任基础

青少年工作伦理是得到专业承认和从业人员遵照执行的服务公约，青少年工作伦理能够约束青少年工作主体的言行，使青少年工作主体与服务对象之间建立友好合作的专业关系，提升大众对青少年社会工作的认同和支持。

第三章
青少年工作的方法

青少年工作应该根据实际情况、根据服务对象的需求选择合适的工作方法。本章为青少年工作的方法，依次介绍了青少年工作的基本方法、青少年工作的常规干预、青少年工作的拓展干预三个方面的内容。

第一节　青少年工作的基本方法

一、青少年个案工作

青少年个案工作是以青少年个人和其家庭为主要服务对象，尤其是为有特殊困难和问题的青少年和家庭开展服务，主要目标在于帮助处于困境的青少年个人和家庭恢复功能，促进青少年个人和家庭的正常发展，挖掘潜能，提升其独立解决问题的能力，真正帮助青少年成长和发展。青少年个案工作主要针对处于校园暴力、失业、抑郁等困境的青少年群体。

（一）介入模式

1.认知行为治疗模式

认知行为治疗模式是传统个案辅导模式的一种。认知行为理论认为，认知对人的情绪和行为有着重要的影响，人的行为也会影响人的思维方式和情绪。在日常生活中，人们会对发生的事情进行评估，产生对事件的认知，影响情绪和行为。

认知行为疗法是一种从认知、行为和情绪三方面同时采取有效干预措施的方法，它是认知疗法、行为治疗和情绪调节的综合。在认知层面，可以采取认知重组、提供信息等方法进行矫治；在行为层面，可以运用行为主义的治疗原理，采取角色扮演、系统脱敏、强化等方法进行调节；在情绪层面，可以运用放松治疗、情绪宣泄、理性情绪疗法等方法进行调节。

2."社会—心理"模式

"社会—心理"模式是一种传统的个案咨询方式。"社会—心理"模式是把服务对象的心理状态和心理过程与其所处的社会环境相结合，进行思考和实施的一种方法。"社会—心理"模型整合了潜意识、人格功能、人类行为和情感等方面的相关知识，有助于青少年工作者制定个性化的"诊疗方案"。"社会—心理"

模型的理论依据是弗洛伊德的人格结构理论和人本中心的"成长环境"对个人自我实现的助力理论，以及埃里克森分析人的成长和发展过程的理论。因此，以"社会—心理"模式作为青少年个案介入模式时，不仅需要关注青少年的心理状况，提高服务对象对自己和环境的认识能力，还需要不断改善环境，提升青少年对环境的适应能力，帮助青少年实现客观环境与主观印象的平衡，促进青少年更好地成长与发展。

3. 任务中心模式

任务中心模式是新个案辅导模式中的一种。任务中心模式是一种以目标为导向的服务方式，它帮助服务对象在有限的时间内实现自己所定的明确目标。因此，在任务中心模式中，帮助服务对象界定目标与任务非常重要。一是要与服务对象共同探讨需要解决的问题；二是目标的确立最好能起到激发服务对象潜能的作用，把目标定得过于简单或者过于困难都不利于服务对象完成任务；三是要遵从服务对象自觉的原则，社会工作者只能从旁协助。简而言之，就是在界定任务时需要把服务对象的问题、服务对象解决问题的能力、服务对象的意愿这三个因素融合进去。任务中心模式非常关注服务对象的自主性，在介入过程中要尽可能发挥服务对象自身拥有的潜力，提高服务对象解决问题的能力。

4. 危机介入模式

危机介入模式是新个案辅导其中的一种模式，是一种对服务对象出现危机状态时所进行的一种调试和处理工作方式。它采用了一种心理和社会相结合的服务干预策略，把服务对象的内在心理调节和外部资源链接结合起来，并为解决服务对象的危机提供了一种直接、高效的服务。

每个人在生命中都会遇到危机，青少年更容易得到危机的"青睐"，由于社会经验的缺乏和自身能力的有限，危机会使青少年在心理和身体上受到创伤。对于处于危急情况的服务对象，青少年工作者需要遵循以下原则开展工作：一是及时处理，抓住时机，切忌延误；二是限定目标，以危机调适和治疗为目标；三是输入希望，帮助服务对象找回行动的动力；四是提供支持，给予服务对象鼓励与支持；五是恢复自尊，促进服务对象恢复自信；六是培养自主能力，增强服务对象面对以及克服危机的能力。

（二）青少年个案工作的流程

1. 接案

接案是个案工作的第一步，也是非常关键的一步。当服务对象带着问题来求助时，青少年工作者必须做作出准确的判断，在机构能力范围内开展工作，如果本机构无法解决服务对象的问题要适时进行转介。来求助的服务对象一般有四种类型：自愿、由其他人介绍、转介、有关部门强制其接受服务。在接案过程中，需要充分了解服务对象的来源。

2. 资料收集与诊断

在初步建立专业关系，使服务对象变成"现有的服务对象"的基础上，工作者要准备收集服务对象的资料并作出诊断。收集的资料主要包括两个方面的内容：一方面收集服务对象的个人资料，另一方面收集服务对象所处环境的资料。

（1）服务对象个人资料

①基本信息。包括籍贯、年龄、教育情况、身体情况、职业等。

②主观感受。服务对象自己如何看待问题，问题产生的时间、频率以及针对这个问题服务对象作出了怎样的努力等。

③服务对象的能力。即服务对象分析与解决问题等方面的能力。

（2）服务对象环境资料

①家庭状况包括家庭收入、居住环境、成员的健康状况、家庭的互动、家庭的沟通与家庭的关系状况等。

②其他社会系统的状况，包括朋辈系统、学校系统等系统的情况。

在资料收集完整后，青少年工作者需要根据资料对服务对象作出一个基本的判断，这就是诊断。

3. 制定目标

依据服务对象的资料进行初步诊断后，青少年工作者要为服务对象制定工作目标与计划。工作计划主要包括目的和目标、多层次的介入策略、青少年工作者和服务对象的角色、工作方法等。其中，目的是指总目标，即服务完成后需要达到的最终效果；目标指具体的工作指标。目的和目标的制订要从服务对象的实际情况出发，充分考虑服务对象的能力，同时制定的目标要清楚明晰、便于测量。此外，服务的策略和方法要具有可操作性，避免纸上谈兵。

4. 服务治疗

工作计划制定完成后，接下来就要进行个案工作中最重要的步骤，即服务与治疗，这是个案工作中执行的环节。在开展服务的过程中，工作者要注意运用多种谈话技巧，包括同理、澄清、聚焦、面质、摘要等。青少年工作者也要承担不同的角色，包括使能者、支持者、资源链接者、教育者等。青少年工作者应帮助服务对象增进对自我的认识，进一步发现存在的问题，协助服务对象调整自己的社会关系，激发个人潜能，调动周围的资源，改善个人生活。

5. 结案评估

结案是指工作者和服务对象结束专业关系并终止一切相关的服务工作。结案包括四类：目的达成而结案；因服务对象不再愿意接受服务，而被迫中止结案；因客观因素而无法达到目的因素的结案；青少年工作者和服务对象身份发生变化时的结案。结案阶段青少年工作者需要完成的任务有：处理服务对象的离别情绪；巩固服务对象取得的成绩；让服务对象分享自己的收获，并对其进行鼓励和肯定。

评估是社会工作最后阶段需要完成的任务，评估能够反映工作者的成果，也能促使青少年工作者总结工作经验，改善工作技巧，提升服务水平。评估主要包括过程评估和结果评估。

二、青少年小组工作

青少年小组工作是指以青少年团体和青少年小组为服务对象，通过青少年工作者运用专业的技巧开展小组活动，促使青少年在小组中不断互动，相互鼓励与支持，习得相应的成长经验。青少年小组工作对于青少年的适用性很强，可以开展活动的小组工作实务包括：青少年网瘾矫正小组、青少年人际关系提升小组、青少年自信心增强小组等。

（一）介入模式

社会目标模式、治疗模式、互动模式作为小组工作的三大模式，一直以来被广泛应用。青少年小组工作因其服务群体的特殊性，结合青少年的阶段性特征，还可以采用发展模式。

1. 社会目标模式

（1）理论基础

主要基于系统论、社会学等理论，提出了一种新的社会目标模型。如果一个个体或群体产生了功能失常的问题，这跟社会系统的功能是否正常有一定的联系，人们和群体的行为又会对社会系统的正常运行产生影响，所以要想解决个人问题，就一定要通过社会变革来完成。

（2）模式特点

青少年社会目标模式强调个人与个人、个人与群体之间的相互作用和相互影响，强调青少年参与意识的提升及参与任务的完成，并以此促进小组中青少年行为模式的改变。此外，社会目标模式注重培养和提升小组成员的社会责任与社会意识，也致力于发展小组成员的社会行动与社会参与的能力。

2. 治疗模式

（1）理论基础

治疗模式以行为修正理论和社会化理论为基础，其假设前提在于个人的社会关系与社会适应方面的问题可以通过小组工作获得改善，转变其有问题的行为，帮助其学习适应社会生活的经验，促进其自身发展，通过提高小组成员的适应能力和恢复自身的社会功能，使其能更好地在社会中生存。

（2）模式特点

治疗模式关注的是个人的心理和行为问题的矫正，通过治疗帮助青少年在心理和社会适应等方面获得发展，同时预防不利于小组成员成长的因素出现。此外，治疗模式介入的重点在于为小组成员提供一个合适的治疗环境，在小组中为成员提供心理康复和行为指导，促使小组成员在自身能力的基础上最大限度地去适应社会生活。

3. 互动模式

（1）理论基础

互动模式的理论基础是系统理论和场域论，其理论假设为：个人与个人之间、个人与社会之间存在相互依赖的关系；小组是恢复和发展社会功能的有效场所；青少年工作者可以通过小组活动和小组之间的互动，发掘小组成员的潜能，增强他们开展社会交往与社会生活的信心，提升知识水平和能力。

（2）模式特点

互动模式强调的互动是组员之间、组员与小组之间、组员与社会系统之间开放、良性的互动，且小组中的互动是平等的互动、具有个人独立性的互动。青少年工作者应通过小组的互动挖掘小组的正向动力，整合社会资源，实现组员个人与小组的发展。

4. 发展模式

（1）理论基础

本文从发展心理学、社会发展论、社会结构论、群体动态等方面对发展模型进行了研究。发展模型的假定是：人具有进行自我认识、自我评价、自我觉察的潜能；有认识别人、评估别人、和别人交流、了解团队情况、评估团队情况、在团队中行动的本能。

（2）模式特点

发展模式适用于有困难的人群、面对危机的人群、寻求更好自我发展的人群。发展模式在青少年小组工作中尤其强调青少年自身的发展，重视青少年个人潜能的挖掘与发挥。此外，发展模式也强调青少年在小组中的积极参与，鼓励青少年小组成员之间相互关心与相互支持。

（二）青少年小组工作的流程

1. 小组准备期

小组准备期是青少年小组工作的开始阶段，在这一时期，工作者是初级角色，处于中心位置，处理各种大小事务。具体来说，准备期需要完成的工作包括以下四个方面：

（1）需求评估

需求评估就是评估潜在的小组成员，这一时期工作者需要判断哪些成员适合组成一个小组。因此，评估内容包括潜在成员的需求、兴趣、问题，希望达成的目标等。

（2）确定小组目标

小组目标的确定十分重要，它关系着小组计划的制订。在确定小组目标时要综合考虑潜在小组成员的能力和机构的资源等多方面因素。此外，小组目标的设定应该是具体的、明确的，但也不宜过于僵化。

（3）招募组员

小组组员的招募可以通过家访、张贴海报、广播等形式广泛开展。招募的组员要具有同质性，即具有相似的问题与需求、社会背景、年龄等，这样更有利于小组成员之间的互动与分享。

（4）整体方案的设计

在小组工作正式开展前，就要完成整体方案的设计，也就是要完成小组计划。小组计划包括小组理念、小组工作安排、小组活动场地等内容。制订完整的工作计划，更有利于小组工作的顺利进行。

2. 小组初期

小组初期通常被认为是最困难、最具有挑战性的时期。这一时期，成员之间还未熟悉，在小组中通常是沉默而被动的，小组动力也尚未形成，小组成员更多依赖工作者。因此，需要工作者投入更多精力。

在这一时期，小组工作者的任务包括：帮助小组成员相互了解，建立感情；明确组员需要及组员目标；探讨保密原则、制定组员契约、确立组员规范开展一些浅层次的小组活动，促进组员之间的互动。小组规范包括小组工作开展的频率、小组工作中的纪律、小组成员在小组中需要遵循的原则、小组成员以及工作人员的责任等内容。

工作者需要通过完成以上任务，帮助小组成员彼此建立信任关系，使其更快、更好地适应小组环境，以便开展后续的小组活动。在这一阶段小组工作者应承担领导者、鼓励者、组织者的角色。

3. 小组中期

小组中期是小组工作的主体阶段，在这一时期，成员对小组已经形成认同感，成员开始关注自己的角色与权利，在互动中出现抗拒与防卫心理，还会因为价值观、权利位置等方面产生矛盾与冲突。

中期小组活动的重点包括：激发小组动力，促使小组动力发挥作用；设计活动，处理问题组员，比如对于具有攻击性的成员，工作者需要让其意识到自己行为的不当，并促使其改变；审视小组，探讨人际关系的互动，引导成员进行更加有利的互动；经常开展增进小组动力的活动。工作者在此阶段的主要任务有：处理抗拒行为、协调和处理冲突、保持组员对整体目标的意识、协助组员重新建构小组、适当控制小组进程。其中，协调和处理冲突十分重要，小组的冲突期是一个缺乏理智的时期，如果处理得好，就会促使小组走向成熟；如果处理不当，则可能会使小组提前终结。

青少年工作者在面临小组冲突时需要理性、从容地去面对，不仅要承担工作者、辅导者的角色，还要充当调解人和支持人。此外，在这一时期，青少年工作者还是小组的协调者和引导者。

4. 小组后期

小组后期即小组的结束阶段，但这并不是指小组的最后一次聚会，小组的结束也是一个渐进的过程。小组成员由于前面几个阶段的学习与磨合，在小组后期凝聚力与亲密程度已经大大提高，对于小组也满怀情感，因此，在告知小组成员小组即将结束时，他们会出现浓重的离别情绪，小组的关系结构也会弱化。

在本阶段，小组工作者需要完成和处理的任务有：规划好小组结束的活动，安排好每一个步骤；处理小组结束组员的离别情绪，以包容和理解的态度去安抚小组成员；回顾小组工作过程，帮助小组成员梳理已经获得的知识与经验；支持与鼓励小组成员独自面对小组外的环境。需要注意的是，处理好组员的离别情绪是十分重要的，因为这些复杂且矛盾的情绪会导致许多复杂的行为。

小组工作者在小组后期主要承担引导者、领导者和使能者的角色。

5. 小组评估

小组活动的截止并不代表着小组的真正结束，完成小组活动后还有非常关键的一步就是小组评估。小组评估是指采用一种科学的、系统的评估方法，利用有关的数据和技术，对小组工作的需求、目标、理论、过程与结果等各方面展开单一或综合的评价，从而发现问题，提供信息，为决策和改进提供基础。

小组评估的内容一般包括三个方面：小组工作者自评、组员自评、督导或观察人员的评估。小组工作者自评指对自己的工作表现、工作技巧的运用、工作目标的达成等方面的评估；组员自评指组员对自己在小组中的收获以及参与小组的目标达成情况的评估；督导或观察人员的评估指对小组成果和过程的评估。

小组评估不仅可以帮助工作者总结经验，提升服务水平，还能帮助小组成员回顾自己参与的过程以及自身的改变情况。此外，对机构而言，小组评估也可以为机构积累资料与经验，在提高机构服务质量上发挥了很大的作用。

第二节 青少年工作的常规干预

一、青少年学校社会工作

学校是青少年社会化过程中的重要场域，在学校这个独特而重要的场域中，每天都有可能出现很多需要学校青少年工作者及时介入的问题。本节将带我们了解学校社会工作的基本内容。

（一）内涵

"学校社会工作"一词是由英文"school social work"翻译而来的，一般是指在教育系统内部，特别是在学校范围内所开展的专门的社会工作。20世纪初期，学校社会工作在美国开始兴起。1906年秋天，美国康涅狄格州的哈特福德慈善组织协会（Hartford Charity Organization Society）的友善访问者温妮弗雷德·比文（Winifred S.Bivin）被派往北二中（The Second North School）去帮助13岁的问题儿童妮丽（Nellie），从此拉开了学校社会工作发展的序幕。

美国社会工作者协会（NASW）出版的《社会工作百科全书》（Encyclopedia of Social Work）对学校社会工作的解释是："学校社会工作是运用社会工作理论与方法去实现学校的主要目的。学校的主要目的是为学生提供教与学的场所，使学生能为现在所居住的世界和未来可能面对的世界做着他们自己的准备。"

宣兆凯在《学校社会工作学》中认为："学校社会工作属于社会工作学与教育学之间的一门交叉学科，也是运用社会工作理论及其方法在教育领域开展专业服务活动的一项事业。它以学校生活适应上有困难的学生为对象，探索解决这些问题的方法、手段、途径，为学生创造良好的学习条件和环境，帮助他们学会适应学习生活。"[1]

综合以上对于学校社会工作的界定，我们认为，学校社会工作的内涵是：以在校青少年学生为主要服务对象，运用专业的社会工作方法，帮助解决青少年学生面临的现实问题，促进青少年健康成长，实现学校和社会的教育目标。

---

[1] 宣兆凯.学校社会工作学[M].北京：北京师范大学出版社，2000：34-40.

学校社会工作者是在学校从事专业社会工作服务的人员，在学校中，学校社会工作者通常扮演以下角色：

（1）咨询者

在这里，"咨询"是一种介入方式，它通常是一名专业顾问或者一名为他人提供直接服务的被咨询者，与服务对象以一种自愿的关系，通过分享问题解决的过程，以解决一个与工作有关的问题。而学校社会工作者因其具有学校社会工作的坚实的专业知识与较丰富的经验，经常会对教师、学校负责人、其他学校人员或社区人士等，提供信息、培训与支持，并帮助咨询者制订一套活动计划。

（2）使能者

使能者通过使用各种技巧，帮助学生、家长或其他人员发现其内在的能力与资源，以完成其既定的改变目标。有时，案主身陷于困境中，不能利用自己的力量或者内在资源（如能力和技巧）去回应遇到的困境。对此，学校社会工作者应协助案主运用其内在资源，改善其社会功能。

（3）辅导者

辅导者在学校社会工作是运用社会工作的理论、方法和技术，对全体学生尤其是"处于特殊困境"的学生提供的专业辅导，因此，对全体学生，特别是对学习和生活适应困难的学生进行辅导，是学校社会工作者的根本任务。不过，为使学生能够更好地适应并帮助他们的发展，学校的社工还把学生的家长、学校的老师、管理人员及社区的人员都包括进来，与他们进行交流和协调，或者对他们进行指导，从而形成教育的合力。在学校社会工作辅导中，应彰显学校社会工作辅导的独特性，注重学校社会工作辅导与其他专业辅导之间的区别，学校社会工作辅导是以社会工作观点，通过个案工作、小组工作、社区工作等方法来提供专业的辅导。

（4）合作者

"合作者"这个角色不同于咨询者的角色，它表明在不同的时间与不同的场合，虽然参加者是不同的，但能够做出同样重要的贡献。一个合作关系意味着能够激发出更多的，超过任何个人所能独立创造出来的观点、方法和解决方案。同时，一个团队合作的层次越高，团队被加强的程度也就越高，从而能采取共同的行动、承担共同的义务，来完成目标。学校社会工作者和其他教育工作者是合作的关系，和服务对象也是合作的关系。

（5）教育者

教育者是指学校社会工作者对学生、教师、家庭开展工作之时，提供特殊信息、传授知识并协助其理解。学校社会工作者作为"教育者"，与学校教育者是有区别的，学校社会工作者通常将教育工作与服务工作相结合，其教育活动渗透于专业服务之中，并以活动引出主题。比如，学校社会工作者为家长与教师提供研习会，常常会以专业活动的方式，来探讨如何为人父母、净化价值观和学习沟通技巧等。

（6）调停者

这里的调停，指解决案主、社会系统和其他个人或者组织之间存在的争议，促使各方找到共同点，解决冲突。学校社会工作者作为"调停者"，主要帮助案主调节他们与所处环境之间的矛盾和纠纷。

（二）青少年学校社会介入手法

社会工作者在开展学校社会工作中最常用的是社会工作传统的个案工作、小组工作和社区工作三大方法，但是在学校这个特定场域下三大方法的运用也是与其他场域有所不同的。除了三种传统方法以外，学校社会工作也采取其他一些有效的方法解决问题。

1. 个案工作

学校个案辅导主要是针对遭遇重大挫折、学校适应困难重重、出现严重的情绪和行为问题的学生；个案工作的对象选择要十分谨慎，遵循自愿原则，不可强迫。对于教师、家长及其他学校工作人员推荐认为需要接受个案治疗的学生，工作者在确定其成为个案工作对象前要先通过建议、提醒、沟通的方法来给予帮助，避免学生因存在的一般性和普遍性问题而被简单推荐给社会工作者后，遭受他人标签化和被误解等情况。

2. 小组工作

小组工作是学校社会工作中运用普遍且具有成效的工作方法。与个案工作不同，小组工作主要是针对青少年的共同需要和发展需要，以符合这一阶段的年龄特点、满足其心理需要；小组活动主题多为发展性的，形式富有实践性和趣味性，在小组活动中以学生为主、教师为辅，运用开放的态度和方法，鼓励学生参与，充分调动积极性，强调心灵分享，淡化比赛竞争，消除小组活动中的功利性倾向。

3. 社区工作

学校社区工作方法主要是指学校与所在区域联系、共建、分担、相互支持、彼此促进的工作内容与方法。学校社会工作者需要经常参加社区活动，了解社区情况，及时向社区居民传达学校政策和措施，同时了解社区内居民特别是学生家长对学校政策的意见和建议，与社区合作共同建立对学生的支持系统，为学生发展和青少年成长服务。工作者主要扮演资源整合者和协调者角色，将社区中的人力资源、物力资源和智力资源向着对学生有利的方向加以整合。值得指出的是，学校社区工作是一个系统的工程，需要学校、社区等各方面合作才能看到效果，工作者在工作中需要持之以恒，长期坚持。

4. 其他方法

除了传统的个案工作、小组工作和社区工作三大方法之外，学校社会工作者也需根据学生的具体情况，灵活地选取其他工作方法来帮助学生，常用的包括以下三种：

（1）学校个案管理

它是个案管理在学校场域下的具体应用，个案管理基本思路是工作者在整个服务网络中，连接和协调不同的组织、机构和专业人员，协调各个系统之间共同协作，帮助学生、家庭等服务对象用适当的方式获得并利用不同的服务，满足其需要，解决其问题和困境。学校个案管理的对象是围绕问题系统中的每一个个体、群体和机构，宗旨是整合系统资源，实现资源的合理配置，从整体上改善整个系统的运行状况。学校个案工作管理也具有其自身的特点：服务并不局限于学生的需求，还涉及学生家长、社区等不同层面的需求；工作者承担的职责是协调和连接服务输送系统中的各个部分；学校个案管理不仅要解决学生现在的问题和困扰，更重要的是在解决问题的过程中，发掘学生潜能，提升学生能力。

（2）学校管理

校园管理通常是由学校专门管理者来进行的，随着各种校园事件的频繁出现，校园中的孩子们处在更多的危机隐患中，因此需要社会工作者通过学校管理层面和教学实务层面的干预，解决校园安全问题，构建积极的学校风气及教室环境。社会工作者在学校组织层面上的干预工作主要有：通过标准化测试建立学生心理档案，并根据学生档案，对于存在行为心理隐患的学生提供早期的干预服务，减少风险的发生；向学生灌输公平公正的概念，增强学生的归属感，建立和谐校园氛围；建立积极的、包容的校风校纪，增强校内各群体的沟通和交流；开设情绪管理课程，改变青少年认知、态度，培养其解决冲突的能力和技巧。在教学管理层面上的干预主要有：发展教师对学生有爱心的关心，增加师生互动，发展民主沟通氛围，培养正面的师生关系；增强学生的社会认知能力和解决问题能力，发展学生自我约束能力，发展学生自我管理能力；鼓励学生在班级组建自己的文化学习小组来形成独特的班级文化，形成自我管理、同伴帮助等良好的沟通和共同进步的文化氛围。

（3）外展社会工作

学校社会工作者的服务对象是学生，其工作地点通常在学校内以及学校所属社区，但并不是所有的学生都在学校及所属社区这个场域，比如逃学、辍学、中途退学的学生，社会工作者很难在上述两个场域内与他们建立联系并提供服务，这就需要外展社会工作的方法。外展社会工作的方法在下一节有详细叙述，在此不做赘述。

二、青少年家庭社会工作

（一）内涵

青少年家庭社会工作方法是指将青少年社会工作的专业价值伦理和基本理论运用于青少年居住的家庭中，通过个人辅导或家庭辅导，帮助家庭成员解决因家庭功能不良、家庭结构缺陷、家庭互动障碍等导致的青少年家庭问题，进而为青少年的成长和社会化创造一个良好的家庭环境，促进青少年的健康成长。

青少年常见的家庭问题是亲子关系问题。围绕亲子关系问题这个核心，可以产生众多附属问题，比如饮食失调、抑郁症与自杀、暴力和青少年犯罪、精神病、学习成绩滞后于智力能力、离家问题等。费孝通认为，亲子之间的关系，就是父母与子女间的一种关系，并以结婚为基础。他指出，父母与子女的关系，绝非纯粹的生理上的关系，而是由婚姻所构成的社会联系。亲子关系是家庭教育的核心问题，它是指父母与子女之间的关系，既有血缘的也有非血缘的，这种关系永不会改变，对儿童的健康成长起着极其重要的作用。青少年家庭社会工作为解决青少年家庭问题，主要采用个案工作、小组工作、社区工作及家庭治疗等综合方法介入而展开工作。其中家庭治疗是以家庭为对象而实施的心理治疗模式，它主要通过改变家庭结构和成员间的人际互动方式，协调家庭各成员间的人际关系，改进家庭心理功能，使得个别家庭成员的问题得到真正解决，推动家人的健康成长，增进家庭和睦。家庭治疗是一种以整个家庭为治疗单元，注重家庭成员之间的互动关系和沟通，是一种系统处理人际关系的方法。

家庭治疗与传统的社会工作方法有一定的区别。

1. 起源不同

前者比后者早，前者起源于社会工作初期美国慈善组织运动中的"友好访问者活动"，已有一百多年的历史，后者则是系统理论产生后把心理治疗从个人延伸到家庭的尝试和实践，兴起于20世纪六七十年代，只有五六十年的历史。

2. 关注焦点不同

前者既包括家庭成员之间的沟通交流，也包括家庭成员在不同层面的互动交流，后者的焦点主要集中在家庭本身的结构和互动关系。

3. 工作理念不同

前者强调"人在情境中"的服务理念，后者更为注重家庭系统的服务理念。

4. 专业关系不同

前者为了与受助家庭建立良好的合作关系，通常有很多情感方面的交流，这一要求在后者并不突出。但是随着专业方法的综合化趋势的加强，二者在服务领域、服务模式和工作人员的相互影响上的联系日趋明显。

（二）青少年家庭工作的家庭治疗模式

1. 结构式家庭治疗模式

20世纪60年代美国治疗大师米纽庆（Salvador Minuchin）和他的同伴创立了结构式家庭治疗法，又被称为结构趋向家庭治疗，其目标是消除那些妨碍家庭运作的组织，取而代之的是一个更加健康的组织，并在这个组织中，让家庭成员能够适当地扮演好自己的角色。结构式家庭疗法以家庭为一个治疗单位，旨在通过改变与家人的交流方式，运用系统理论、学习理论和交流理论，了解案主的家庭组织结构和成员间的交互模式，运用精神分析的原理了解被访者的个人心理状态。在处理的方式上，我们不采用直接的一对一的谈话，而采用多元的、多层次

的、多层次的沟通，以改善家庭的结构和组织，以保障家庭的正常运转，以解决当事人的烦恼。

（1）基本观点

一个家庭的结构，可以借由家庭中的互动模式表现出来。一个家庭的结构特征还可以通过组成家庭系统的次系统的不同构成和不同关系表现出来。正常家庭中的界限应该是清晰的、半渗透式的、松紧适度的，家人出现病症与家庭病态的结构或功能失调有很大的关系。

（2）基本过程

结构式家庭治疗分三步，但其间无明显界限，互为连贯。

第一步，转化问题。在讨论之后，个人的问题转变成了家庭的问题。在与家人建立起了良好的关系之后，治疗师可以使用权威来挑战家人，通过现场表现，解决家庭中的矛盾，如夫妻关系僵化、母女关系紧张等，从而将个人的问题转化为整个家庭的问题。

第二步，解决问题。利用家庭治疗这个平台，探索是哪一种家庭模式保持了这些症状，并以此来激励家庭去寻求改变原来刻板的家庭模式的办法，发掘并评估家庭的基本结构、家人的表征问题与家庭系统惯用的交往方式的关系。

第三步，改变问题。通过家庭架构的转变，可以减轻病痛的程度，而治疗师可以运用许多不同的方法来帮助病痛的家庭重建。"重新框架"是一种特别有效的方法，它把事情或情况的原意改为一种新情况，创造出能够让这个结构改变的情境，促使家庭系统的转化。这样做的目的就是要给已经发生的事情一个更有建设性的视角，并因此改变人们对事情的看法。举例来说，神经性厌食症（anorexianeryosa，AN）患者被标记为"倔强的"而不是"有病的"，这不得不迫使父母重新考虑他们对孩子的看法，并认为他是有病的，家庭对此没有责任。对儿童神经发育不良的行为进行再定义，从而创建了一个新的环境，该环境最终会改变家庭交往的方式，并挑战家庭的结构，挑战家庭的世界观。

2. 萨提亚家庭治疗模式

在家庭治疗的发展史上，美国社会工作者萨提亚的重要地位是受广泛认可的。由于在这方面的重大贡献，她常被视为家庭治疗的先驱。萨提亚所建立的一套心理治疗方法，主要特点是着重于提高个人的自尊、改善沟通及使人更为"人化"

(become more fully human），而不是着重消除"症状"（symptoms）。

萨提亚认为，家庭是一个不可分的体系，家人之间的交往是家人之间相互联系的纽带，它对家人的心理、行为起着至关重要的影响，家人在相互联系中追求自身需求的同时，也追求他人需求的满足，当其中一方的需求被忽视或扭曲时，则表现为情感、行为等方面的"病症"，其表现形式并非个体的问题，而是整体的交流体系的问题。

萨提亚重视对家庭沟通体系的分析，认为沟通包含了"自我""他人"和"情境"三个层次，而好的沟通应该是三个层次的统一，就是"表里"的统一，即"直接"清晰"和"完整"。采取此种交流方法的家庭成员之间具有较好的亲情，并能很好地应对各种困难；与此形成鲜明对比的是，存在问题的家庭，其家人之间的交流都是模棱两可的，一旦出现问题，就极易导致矛盾激化，甚至引发家庭冲突。她把表里不同的交流方式分成了四种类型，分别是：讨好型、责备型、超理智型、打岔型。因此，家庭治疗师的工作就是要清除那些具有破坏性的交流方式，转变那些歪曲了个体需求的交流方式，鼓励、支持并帮助家人学会直接的、表里如一的交流方式，以此来提升自己的价值，并解决家庭问题。

治疗步骤一般可分为以下四步：

（1）评估

治疗者必须先深入家庭中，透过观察家人与家人的互动来理解：家人的关系、家人的交流方式、家人的规矩、家人的自尊心。

（2）设立目标

咨询师与家属共同制定辅导目标，协助家属发掘自身潜能，善其处理问题的方法。树立自己的表里一致的交流态度和高度的自尊心是首要目的。

（3）选择治疗技术

萨提亚开发出一套介入性技巧，被称作"改变工具"，例如"角色舞会""家庭重塑"和交互性技巧。除此之外，还有冥想、家庭规则转换、阅读温度、幽默等等，咨询师们可以根据自己的实际情况，与客人进行协商。还有其他的一些技巧，比如：连接，即重建家庭成员间感情上的联系；引导说出正面动机；澄清；对质；调整步速；鼓励选择；学习正面经验；视线转移。

（4）反馈

一个咨询疗程完成以后，咨询师可以以家庭成员自身心理问题改善状况的自我报告、咨询师的临床观察、家人观察以及心理测试结果为依据，对咨询效果展开评估。

3. 系统家庭治疗模式

系统家庭治疗起源于20世纪50年代的美国，是一种基于系统理论与控制理论的研究方法，它将患者所面临的问题看作是家人之间交互作用的产物，家庭就是真正的"病人"。这种方法将家庭视为一个系统，将家庭成员视为系统的组成部分，并认为每个家庭成员都有自己的理解方式，称为内部解释。内部解释决定了人类行为的一致模式，而这些模式又受到其行为影响的影响。换句话说，一个人的内在解释和外在行为是相互沟通和影响的，它们之间的关系并不是线性的因果关系，而是反馈循环的关系。每个成员的内部解释和外部行为都受到其他家庭成员的影响，反过来也会影响其他成员。它们之间的关系与其说是线性因果关系，不如说是循环反馈关系。这样，病理过程的原因就不再存在于个人范围和个人心理动力学中，而是存在于家庭结构中。该模式的重点是引入新的思想和行为，以促进对家庭沟通的更好理解，打破家庭沟通中"问题行为"形成的正反馈循环，强调对家庭相互关系模式的理解，并通过整个家庭的干预来改变个体的心理症状，让家庭面临新的冲突，通过冲突重组获得新的变化，创造新的规则和互动模式。

三、青少年社区工作

青少年社区工作主要以社区中的青少年为服务对象，目的在于促进青少年的健康成长与发展，具体指在职业价值观念的指引下，以青少年的身心特点、动机需求、兴趣爱好为基础，将社区的理论、方法、技巧应用到青少年的生活中，从而帮助他们解决问题、克服困难、恢复机能，实现全面发展的一种服务活动和服务过程。

（一）介入模式

地区发展模式、社会策划模式、社会行动模式是罗斯曼提出的社区工作三大模式。除此之外，社区工作的模式还包括社区教育模式和社区照顾模式。考虑到青少年的身心发展情况和适用性的问题，本书只简要介绍地区发展模式和社区照顾模式。

1. 地区发展模式

地区发展模式是鼓励青少年在社区范围内通过自助或互助的方式解决社区问题，主要目标是培养和提升青少年主动参与社区生活的意识，并在参与社区生活的过程中，挖掘和培养青少年人才。地区发展模式主要强调的是一种以地区为基础的经济、文化等实质性内容的发展，并且此发展是需求和资源相协调的一种可持续性发展。

地区发展模式的实施特点包括：更多关注社区的共同性问题；过程目标的重要性超过任务目标；特别重视居民的参与，并且这种参与是一种自下而上的参与；通过提升社区自助和互助的能力促进社区的发展。

青少年地区发展模式具体实施策略主要包括以下内容：首先，增加青少年相互之间的沟通与交流，形成社区内青少年互帮互助的良好氛围；其次，通过社区教育等活动提升青少年参与社区生活的意识；最后，在社区内开展以青少年需求为目标的服务，提升青少年解决问题的能力，加强青少年对社区的归属感。

2. 社区照顾模式

社区照料模式是由社区中的各个成员所构成的非正式网络，以及各类正式的社会服务计划体系相互协作，为社区中有需求的人提供支助和协助，使他们能够正常地生活，增强他们在社区中的生存能力，提高他们在社区中的融入程度，构建一个有关怀意义的社区的过程，青少年社区照顾模式主要是以社区中身体残疾、精神失常等残障青少年为服务对象，同时也为残障青少年的照顾者提供一些支持服务。

社区照顾模式的实施特点包括：协助服务对象在社区中正常生活，强调社区具有照料的责任，重视社区内非正规照顾的作用，提倡建立相互关怀的社区。

青少年社区照顾的实施策略主要有三种：在社区照顾，即由专业人士在社区内的小型服务机构为社区的残障青少年提供照料服务；由社区照顾，即由家庭、亲友、邻里、志愿者等为残障青少年提供照顾与服务；对社区照顾，即在社区内为残障青少年提供正规照顾和非正规照顾这两种模式相结合的照顾方式。

（二）青少年社区工作的流程

1. 社区研究

（1）了解社区的基本情况

社区的基本情况主要包括社区的地理环境、社区内的人口状况、社区历史、社区类型等方面的内容，只有充分了解社区，才能更加准确地把握社区情况，进而开展社区工作。

（2）分析社区中青少年的需求与问题

青少年的问题是复杂多样的，有贫困户子女、病残青少年、孤儿等基本生存问题；有青少年面临家庭暴力摧残、权利受到侵害的问题；有社区文化环境对青少年发展的不良影响问题；有社区内文化、学习、娱乐需求得不到满足的问题等。针对青少年所面临的不同问题，应具体分析青少年在社区中的需求。

（3）探索社区中存在的资源

社区中的资源主要包括：人力资源，即社区内的志愿者、自发组织、居委会以及社区中青少年个人的人际关系网络等；物力资源，即社区内的活动场地，设备等；文化资源，即社区内集体的共同记忆和民俗习惯等。社区工作者应努力探索社区内存在的资源，并积极为青少年提供合适的资源，使服务对象和资源之间建立连接。

2. 建立关系

专业关系的建立是开展社区工作的基础。社区工作者所要建立关系的对象不只包括服务对象即青少年自身，还应包括社区内的重要人物、社区组织、团体以及和青少年相关的社区成员，目的则是在社区内获得广泛支持，以便后续工作的开展。

3. 制订计划

工作计划是社区工作的主体部分，计划的好坏决定着实施的成败。因此，工作计划的制订不仅要符合青少年的需要，解决青少年面临的问题，还应致力于促进青少年的成长与发展。工作计划具体包括：社区青少年问题与需求分析、服务的宗旨与目标、理念与理论支撑、服务阶段、各阶段开展的活动、社区宣传方法、评估方法等。在制订计划的过程中，应主要考虑青少年的意见，同时需要青少年的家庭及其他相关人员的共同参与。

4. 组织实施

根据工作计划的安排，社区工作者带领青少年在社区内开展活动。需要注意的是，计划的安排可以依据实际情况作出调整。在开展活动的过程中，最重要的就是对开展社区活动所需的多种资源进行合理有效的配置，以及鼓励服务对象积极参与社区事务，解决社区问题。

5. 成效评估

成效评估指社区服务结束后，对服务成果的评估。主要评估内容有：服务目标的达成情况、青少年服务对象的改变情况、社区整体青少年发展状况的变化、社区内其他方面的改善等。评估对于促进社区工作的发展起着非常大的作用，它不仅能够帮助青少年工作者总结经验，还能提升青少年工作者的服务水平。

第三节　青少年工作的拓展干预

一、青少年矫治社会干预

以下主要论述青少年犯罪行为的矫治介入手法。

对于青少年犯罪行为的矫治，是矫治社会工作的工作内容之一。矫治社会工作是指专业社会工作者和志愿者遵循以人为本的精神，运用专业的理论和方法，动员一切有关个人、家庭、团体及社区等资源，帮助罪犯或具有犯罪危险性的违法人员在审判、服刑、缓刑、刑满释放或其他社区处遇期间矫正错误、修正行为模式、适应社会生活并积极地发挥其潜能的一种专业福利服务。近年来，矫治社会工作者在监狱、社区矫正、劳教戒毒、帮教安置以及人民调解、诉前考察等工作领域逐渐介入，起到了越来越重要的作用。

青少年矫治社会工作是在预防和减少青少年犯罪的大背景下开展的，主要包括诉前考察、机构矫治、社区矫正。

（一）诉前考察

诉前考察是指对于应该起诉的案件，检察官办公室坚持预防、救助、教育、说服和镇压相结合的原则,并从公共利益的角度出发,以反映刑事政策,并根据案件本身的情况,在规定的核查期内不与特定群体打交道,然后在时限到期后决定起诉或不起诉的制度。诉前考察不是不起诉,而是附有一定条件的暂时停止起诉的程序,诉前考察不是一个程序性的终局性处理决定,在审查期满后,有可能会产生起诉或不起诉两种情况,所以只能是一个阶段性的处理结果。诉前考察期一般为3~6个月。诉前考察适应适用范围及条件为:年龄不满18岁,具有轻微的违法行为、轻微的社会危害性,对被指控犯罪的未成年人判处的制刑可能不超过3年的,犯罪情节较轻的未成年人及其监护人自愿,且具有有效监护条件或者有条件落实社会帮教措施,可以保证诉讼顺利进行。

诉前考察社会工作服务中,对犯罪青少年进行考察教育坚持"教育、感化、挽救"的方针。在具体提供服务的过程中,社会工作的价值理念尤其重要。首先,接纳、尊重他们,充分理解他们担心被歧视的心态,接纳他们渴望悔改的态度和作为人的意义和价值;其次,相信每个人都有与生俱来的价值和尊严,尊重其人格,为其营造安全、宽松、自由的环境,进而建立信任、和谐的专业关系,维护自决,灌注希望,不要因为诉前考察服务工作中明显的管理与被管理、教育与被教育、改造与被改造的关系就替服务对象做决定,要让其自我决定;最后,注重个别化原则,根据每个人的实际情况和需求,制订不同的矫正服务计划。

在深入考察教育对象的问题成因、需求特征分析和预估的基础上,制订针对性的服务计划,并运用社会工作方式和模式进行介入。社会工作介入考察教育的主要做法包括:

第一,个案辅导,针对其存在的心理、情绪、性格、行为、认知、人际交往等问题进行单独介入。因为诉前考察的对象多数为非自愿求助的案主,主动性不强,因此在个案辅导过程中,最重要的是创造安全和信任的氛围,消除服务对象的焦虑,缓解其紧张情绪,与其建立良好的专业关系。

第二,群体层面的辅导,可以运用小组工作的理论和方法开展互助自助。

第三,家庭治疗,与青少年的父母进行沟通,针对家庭中存在的问题进行专业的家庭治疗。

第四,动员各种社会力量,要动员和组织学校、家庭、社区、公安部门、大学生志愿者等各种社会力量，开展各种帮教活动，给服务对象以思想上、经济上和生活上的支持和帮助。

（二）机构矫治

制度矫正就是把矫正对象关进相关的犯罪矫正机构，通过教育、矫正、技能治疗、个案心理咨询和群体心理辅导等方式，对其进行心理和行为矫正。常见的矫治机构有监狱、管教所、劳改队等由政府设立的专门的犯罪矫治机构和中途宿舍等非政府性矫治机构。

监狱矫正是指执行的对象在监狱内执行刑罚，并达到矫正的目的，同时具有刑罚执行和矫正的功能。

在我国监狱工作中，本着惩罚和改造相结合、教育与改造相结合、人道主义、个别化、社会参与五个原则，加强对罪犯的改造和矫正。监狱内一般采取的有三课教育、辅助教育、心理咨询和矫正、生产劳动等矫正方式。对未成年犯进行思想教育的内容主要涵盖了以下几个方面：法律常识、法律纪律、形势政策、道德修养、人生观、爱国主义、劳动常识等，目的是让学生们能够加强他们的法治观念，提升他们的伦理道德水平，树立起正确的人生观和价值观，从而抑制并消除他们的犯罪意识。

（三）社区矫正

与监狱矫正相比，社区矫正更多的是一种社会处遇，惩治功能相对较弱。它是将具有社区矫正资格的罪犯，安置在一定的社区，由专门的国家机关，在相关的社会团体、民间组织、社会志愿者的协助下，在判决或裁定规定的期限内，纠正罪犯的犯罪认识和行为陋习，使其顺利重新融入社会的非监禁刑罚执行活动。

社区矫正应作为一种非监禁制裁措施，在社区环境中适用于首次犯罪者、未成年犯罪者、轻微犯罪者以及自改造以来表现出悔过、犯罪情节相对较轻、社会危害较小和复发可能性较小的人。中国社会矫正的范围包括：被判处管制、被宣告缓刑、被暂予监外执行（有严重疾病需要保外就医的、孕妇或哺乳期妇女的、生活不能自理的、暂予监外执行不危害社会的）、有条件释放、剥夺政治权利和社会服刑。

社区矫正弥补了监狱矫正的不足,有利于矫正对象顺利回归社会,对预防犯罪、维护社会稳定、促进社会发展具有积极的作用。对于青少年来说,他们正处于人生发展的关键时刻,采取社区矫正方法对改善他们的犯罪行为具有重大影响。社区矫正的主要目标是促进调整对象回归社会,即要使对矫正对象的问题进行了相应的处理,对其社会功能进行了相应的修复,并消除了导致其犯罪的因素,形成新的生存方式,具有自我改变和自我发展的能力。

二、青少年外展社会工作

在中国香港,延伸社会工作也被称作"社区延伸社会工作",是一种以社区为基础,以"边缘少年"为对象,为其提供专业化服务的一种社会工作模式。这些"边缘青少年"大致分为四类:那些受到不良影响的少年们,常常与"黑社会"有说不清的联系,或者受到他们的控制,形成很多不良习惯和思想;经常单独在外游荡的青少年,很容易受到不良人群的蛊惑;与家庭成员关系差及经常离家出走的青少年;因与不良人群接触频繁而辍学或面临辍学风险的青少年。社区外展社会工作者针对以上服务对象,为他们提供在教育、职业、家庭、朋辈、思想等方面的指引和辅导服务,帮助他们建立起一个正确的人生观和价值观,充分发挥他们的潜力,参与到正当的、健康的活动中去,避免受到坏人的影响和诱惑,并在必要时提供转介服务。

在中国内陆地区,对青少年进行外展性社会工作的调查,内地学者已有诸多观点。潘星认为,外展社会工作是以 16~25 周岁青少年为对象开展的一项服务工作,将中途辍学、逃学、逃家、无家可归、经常出入不良场所的青少年作为服务对象,社会工作者到他们经常流连或聚集的环境中,主动与他们进行联系,并与他们建立起联系,将个案、小组、社区工作等方法结合起来,针对其所遭遇的家庭、学业困扰、情绪、职业适应、休闲活动、同辈关系等,为其提供情绪辅导、就学就业安排、资源提供、转介、团体活动等立即性、紧急性甚至是长期性的服务,目的在于帮助其解决生活中遇到的困扰或问题,使其能够合理地满足自己的个人需求,并充分发挥自己的潜力,进而促进青少年的健康成长,进一步完善预防青少年犯罪工作体系。

目前，随着社会工作的进一步发展，其工作手法也越来越丰富，形式也日趋综合。对"边缘青少年"群体介入手法日渐出现整合性和学科多元性特点，同时本土化的模式也在探索之中。

（一）工作手法的整合性

综合运用社会工作的方法，如个案、小组、社区、大型活动等，开展针对"边缘青少年"的活动。

我国台湾地区的青少年权益与福利促进联盟开展的创意"涂鸦"青少年群体专案，在活动过程中，从个案入手，逐渐接触扩大的"涂鸦"群体，然后利用小组、社区以及大型的专项"涂鸦"活动，来促进这些群体自身行为的改善以及社会大众对这一群体态度的转变。

（二）学科视角的多元化

社会工作者通过多种学科视角的渗透和运用，分析工作对象存在的问题，并且找到产生问题的原因以及解决问题的办法。如澳大利亚有关青少年暴力问题采取的创造性解决模式就是这样一种多元化的手法。在其过程中采用了个案与小组的方式，并对选取的案主进行了访谈交流。访谈过程中，严格遵守社会工作过程中对案主的一些保密性原则，另外采用了"头脑风暴"的方式来让案主自己分析暴力行为与原因，以及他们与社会工作者是如何处理他们的暴力行为的，并且让他们提出如何预防暴力的建议，分享他们心中对于受关注的需要与愿望，并从社会学的角度分析原因与解决问题，从而更有效地预防了青少年暴力行为。

（三）工作手法的探索

随着外展社会工作在中国的传播与发展，内地一些地区已经创造出一些适合本土特色的外展社会工作方法。

上海市阳光社区青年服务中心的卢湾区工作站在全国范围内推出了第一个青年社工的"回归计划"。社会工作者希望借由对游戏机与网络沉迷的青少年进行延伸工作，让他们能回到正常的、健康的生活。卢湾区社会工作者每个星期一、三、五，都会深入网吧和电玩室，与这些社区的年轻人见面，做一些面对面的交流，做一些辅导，做一些谈心，并送出"夜墟"——"回归计划"的后续行动邀请函。社区的年轻人可以凭会员卡进入场馆，参加体育活动，并可以获得酒水和小吃。这个活动的目的是让那些经常泡在网吧里的年轻人降低对网络的依赖程度，回归正常的学习与生活中。

第四章
基于不同情境下的青少年工作与管理

本章为基于不同情境下的青少年工作与管理，依次介绍了青少年成长与发展的主要情境、青少年面对的具体困境、不同成长情境下的青少年工作与管理、基于社会环境的青少年工作与管理四个方面的内容。

第一节 青少年成长与发展的主要情境

一、青少年的成长环境

从一定意义上讲，每个人都是环境的产物。这并不是说环境可以决定个人的一切，而是说环境对人有很大的影响，特别是环境对青少年的成长和发育的影响极大。所谓成长环境是指影响个体生理正常发育和生长以及心理和精神上健康、全面发展的外界因素。

青少年的成长环境不仅包括影响青少年的生理、心理和精神全面健康发展的因素，也特指在青少年社会化的过程中，影响青少年融入社会环境中的各种外界因素，如宏观环境和微观环境、自然环境和社会环境、硬环境和软环境。目前，影响青少年健康成长的环境问题主要有以下几个方面：

（一）生态环境

生态环境是人类生存的大环境，工业革命以来生态失衡和环境的恶化问题，直接影响了人类的日常生活，对青少年的正常的生长发育也产生了恶性影响。生态环境失衡的集中表现就是人与环境关系的不和谐。人类作为自然的一部分，在一定范围内和一定程度上，对自然环境起着主导作用。但这并不意味着人已经成为自然和环境的主宰，相反，人类的力量越是超越自然，人类对自然的依赖性也就越强烈，人类也就更清楚地意识到自己在自然中的地位。

人与自然的关系既不应该是人受制于自然，也不应该是自然受制于人，人与自然只能是一种相互和谐的状态。当然，去寻找这样一种和谐状态并不是一件容易的事情，除了技术上的困难外，最为困难的就是人类如何去战胜自己的内心想要控制一切的欲望。青少年正处于从自我走向社会的一个过渡状态，在这个时期，帮助他们树立对于自然和环境良好的心态，使得他们的成长过程变得更为积极，这对未来环境保护和生态平衡有着重要意义。

（二）社会环境

如果说生态问题是人类生存的自然环境，人类生存的另一个大环境——社会环境也同样存在着诸多的问题，最为突出的就是人口爆炸和粮食危机。从工业革命以来，人类的生产力获得了前所未有的发展，两百多年创造的物质财富超过了过去几千年创造的，人类仿佛可以不再受制于自然。然而，这仅仅是一部分人的财富，甚至是一小部分人的财富，小部分人占有世界绝大部分的财富，而绝大多数人却仍然处于贫困之中。尤其是在一些不发达国家里，人口众多，且人口增长率高涨不下，粮食等问题仍制约着这些国家的发展。身在这些国家中的青少年的成长存在着更多的问题：营养不良、身体素质差、教育资源紧缺和辍学问题严重。要想促进这些地区和国家的青少年的健康成长和全面发展，首先就要去解决这些环境问题。

在经济全球化的今天，不合理的国际经济旧秩序依然存在，并随着经济一体化的进程继续横行于不发达国家。发达国家与不发达国家的贫富差距不但没有因为全球化的进程而缩小，反而随着全球化的进程进一步拉大。国家的贫困，使得不发达国家和地区中的青少年生存的基本问题都无法有效解决，更谈不上发展和健康成长了。

环境对青少年的成长是具有决定意义的。改善我们的生存环境才可能从根本上帮助青少年健康成长和全面的发展。

二、青少年的发展

（一）健康发展

1. 健康与安全

青少年健康与安全是青少年发展中的首要问题。青少年正处于身体迅速发展时期，身体成长的动力强大，体格在这一时期将要发生巨大的变化，肌肉和骨骼的增长需要大量的营养成分的供给。如果营养供给不足，就会引发发育不良以及身体上的疾病，同时，体育锻炼在这个时期对促进青少年的体格发展有着重要作用。虽然青少年的身体发展迅速，然而，青少年在应付突发事件上的经验不足，加上青少年自身在精力上的不集中和好动的性情，往往导致事故伤害事件的发生。

另外，在青少年时期，学习能力的提高使得他们更容易接受不良行为和习惯的影响。良好的习惯使人受益终身，不良的习惯害人不浅。在青少年阶段帮助他们养成良好的习惯，对他们今后的健康成长有着重要作用。

2. 教育

教育是青少年成长过程中的重要经历。青少年正处于学习能力迅速提高的阶段，身体和精力也处于向旺盛阶段过渡的时期，同时，这个时期的青少年处于从家庭向社会过渡的阶段，对青少年的各方面的教育工作成为促进青少年健康发展的重要因素。然而，现行的对青少年的教育也显现出各种问题。比较突出的就是辍学问题，无论在发达国家还是不发达国家，辍学问题都是青少年教育中的突出问题。发达国家的辍学问题主要发生在高中阶段，而不发达国家的辍学问题在初级教育阶段就比较严重，贫困是不发达国家青少年辍学的主要原因。

3. 就业问题

对青少年成长和发展有重要影响的另一个关键因素是就业以及与就业相关的就业培训。青少年阶段除了要学习关于自然和社会的一般知识外，还要开始掌握一些专业的技能以应付未来的独立生活。然而在许多国家中，由于经济问题，失业现象普遍存在，为了减少成本，公司和企业的工作岗位精简，许多已经有了工作的人又失去了工作。同时，新生的劳动力还要继续进入劳动力市场，这样就为青少年就业带来了很大困难。即使青少年有了工作，可同时他们又要面临新的危机，也就是随时失业的危险。同时，对青少年的职业训练往往是一片空白，或者严重不足，使得青少年无法接受良好和有效的就业前必需的培训。

4. 娱乐和休闲

青少年虽然在身体发育过程中，已经趋向于成年人，但是他们在心理和社会适应方面仍然与儿童时的心理状态有着一致性，他们仍然像孩子一样需要充足的休闲和娱乐。很多人认为游戏只是儿童的专利，这种看法是不正确的，青少年同样也需要必要的游戏来放松。脱离了儿童阶段以后，青少年在渴望成长的压力下，更趋向于去进行一些成年人的休闲娱乐，但他们无论在经验还是心理上，都还不能完全适应这样的娱乐活动，这样就常常引发青少年的其他问题。如何去开发一些真正适合青少年心理的休闲娱乐项目，是我们的社会应该重视的问题。

（二）社会适应

1. 人际交往

与人交往特别是与异性交往，是在青少年时期需要经历的。在现代生活中，我们可以发现，与人交往也是一门学问，婚恋问题也同样需要学习。青少年在与同辈交往以及与异性交往的过程中遇到许多问题，却找不到可以求助的对象。青少年教育工作者以及社会工作者有必要着眼于这些问题，给予青少年适当的帮助。

2. 价值观和道德观

在青少年时期，人们的价值观和社会道德观得到了快速的发展。这个阶段的价值观念和道德准则往往处于一种不断变化之中。青少年原有的观念受到了强烈的冲击，尤其是当他们受到一些消极的道德评价时，这种现象就更加严重。青少年在道德观发展过程中所面临的困惑，以及由此引发的行为选择问题，对其未来的成长和发展产生了巨大的破坏性影响。

在这种情况下，我们必须要正视青少年价值观的变化过程，尤其要注意到青少年价值观出现重大变化时所产生的各种现象。这些价值观的冲突往往源于与传统价值观的冲突，也就是与他们的前辈的价值观冲突，这直接带来了代际上的冲突，以及亲子关系的不和谐。这些问题的解决需要家庭、社会以及青少年教育工作者和专业青少年社会工作者的协同努力。

（三）特殊青少年

所谓"特殊"只是相对一般的青少年来说，并不是给这些有着其他特殊需要的青少年贴上一个标签。比如，这些特殊青少年可能有身体或者智力上的残障，或者是无家可归的青少年，或者有着心理疾病需要特殊治疗和矫治的青少年。这些青少年的特别需要应该得到特别的照顾和满足。如何满足这些青少年的特殊需要，促进他们健康发展，是一个需要特别重视的问题。

青少年犯罪问题是一个一直受到社会关注的问题，针对这个问题也已开展了许多预防和矫治工作，但是，每年还是会有青少年走上犯罪的道路。究其原因，除了我们对青少年犯罪问题本身的工作力度不够之外，更为重要的一点是，青少年犯罪问题是一个涉及多方面的问题，与青少年的家庭、学校、社区以及大的社会环境都有着密切关系。其他问题得不到良好的解决，青少年犯罪问题就不可能从根本上得到有效解决。因此，只有社会各个方面的协同合作才可能真正有效预防和矫治青少年犯罪问题。

第二节　青少年面对的具体困境

在外部环境的作用下，青少年面对的困境会集中地反映在青少年的社会行为上，这不仅直接影响青少年自身的发展，而且会给家庭和社会带来巨大的负面影响，直接影响社会的稳定和发展。本书主要选取几个较为典型的青少年发展的困境进行论述。

一、学习障碍

学习的过程是一个复杂的心理过程，不少人，特别是青少年，在这个过程中会受到各种心理障碍的困扰，从而导致学习效率低，学习任务不能圆满完成。

（一）记忆障碍

记忆是人脑对过去场景、经验的反应能力，它对学习具有非常重要的作用。记忆障碍是人们在识记、保持或再认识过程中发生的困难或异常。记忆障碍往往表现为以下的几种情况。

（二）保持时间短

经历过的事情或在头脑中留下的事物的印象，保持不长久，容易遗忘，很快就模糊不清。往往刚学过或见过的东西，当时记得清楚，过不了多长时间就淡忘得所剩无几。

（三）识记速度慢

有的人过目不忘，对所见过或听过的事物和东西，非常容易地就在自己的头脑中留下了清晰的印象，而同样的内容有的人很长的时间也记不住，这就反映了记忆在速度上的差异。记忆有障碍的人的记忆速度往往也很慢。

（四）记忆不精确

记忆障碍往往也表现为记忆的东西，只是记住一个大概，非常模糊，不能准确地描绘出事物的形状、颜色、大小、重量、年代等。这在考试当中体现得最为明显，看书时好像记住了，但当一做题，却又不能准确地写出答案。

（五）记忆提取性差

记忆提取性是指当事人善于根据当时情景的要求，迅速地从自己的大脑知识库中提取出自己需要的知识和内容等相关信息，并恰到好处地加以运用的一种重要的思维品质。记忆提取性差则表现为虽然自己对知识和内容经过认真回忆和考虑，能回忆起来，但不能随机应变，也不能在瞬间提取出有用的知识和内容，灵活自如地加以运用。

（六）学习动机障碍

一个人学习成绩的好坏和他的学习动机有直接的关系，学习动机障碍有学习动机过强和学习动机缺乏两种。

（七）学习动机过强障碍

学习动机过强并不等于学习成绩一定好、学习效果一定明显，它同样会导致学习效率降低和生理的不适应。就像一个人在一股强大的推动力推动下，不停地快速奔跑，最终气喘吁吁、体力不支一样。而且如果整天神经过于紧张，弦绷得过紧，动机过强，还有可能导致心理崩溃。

（八）学习动机缺乏障碍

在学校里，我们总会遇到一些懒散松懈、得过且过、不求上进、对学习没有热情和渴望的年轻人。他们明显地缺乏学习动机。有厌倦情绪、动机缺乏者对学习冷漠、畏缩，感到厌倦和无聊，依赖性强，在学习上没有明确的目标，学习行为往往表现为从众与依附性，很少有独立性和创造性。

二、面对挫折

挫折是由于个体具有某种动机和目的，而采取一定的行动或手段，在行动过程中，遇到了阻力、障碍、困难和干扰等，使得个人对遇到的挫折情景的知觉与体验产生了紧张状态和情绪反应的一种过程。它有两种含义：一是个体有目的的活动受到阻碍或干扰，即个体的目的性行为遇到了困难和障碍，导致行为失败或不能实现预定目标；二是目标或目的没有实现，导致需要得不到满足而产生强烈的情绪反应与心理状态。

（一）经常遇到的挫折

挫折是青少年发展过程中最常遇到的一个问题，而引起挫折的原因大都是青少年发展的一些主要元素，因此对青少年发展而言，挫折是不可避免的。当代青少年比较常见的挫折有：

1. 学习中的挫折

如考试失利、学习成绩不良、学习吃力等。

2. 生活中的挫折

如收入低、住房紧张、子女教育难、离婚、生活拮据等。

3. 工作中的挫折

如择业困难、工作不稳定、工作环境不好、下岗等。

4. 发展中的挫折

如能力不足、事业无成、素质不高、前途渺茫等。

5. 交往中的挫折

如失恋、人际交往障碍、夫妻关系紧张、朋友少、不喜欢社交等。

（二）青少年受到挫折后的行为

遇到挫折后，不同的人会有不同的想法，继而采取不同的行为和行动，最终会收到不同的效果。在受挫折后人的一般的行为反应有以下几种：

1. 逃避

这些人害怕挫折，难以承受任何打击，稍微一点挫折，在他们看来，将是世界的末日，只有想尽一切办法去逃避。这样的后果是自己的问题得不到解决，自己的心理上形成一种压力。形成这种思维习惯和行为习惯的人，将很容易放弃一些并不困难的事情。逃避是阻碍个人成功的一种消极因素。

2. 倒退

倒退是当遇到困难和挫折的时候，表现出任性、无理取闹、又哭又闹、耍小孩子脾气等与自身年龄不相称的行为做法。

3. 攻击

有些人遇到挫折后，把一切错误都归于别人或客观环境，不是对别人加以恶意的言语攻击或行为上的打击报复，就是对客观条件或环境怨天尤人。最明显的特征就是经常把矛头指向毫无关系的人或物。

4. 不安

在挫折和困难出现后，表现出焦急、烦躁、唉声叹气、坐立不安、少言寡语、吃不下、睡不着。

5. 固执

有些人受到挫折后，继续坚持自己没有任何效果的做法，坚持认为自己的想法和意见是正确的，一定要用自己的实际行动证明给大家看。他们不认输、不后悔、不撞南墙不回头。但有时这种固执也确实能给某些人带来成功，这种固执在某种程度上具有相当的积极力量，它支持和指导着一个人继续向前努力，直到取得成功。

6. 冷漠

某些人在遇到挫折，或者遇到严重打击后，便有一种看破红尘的感觉，对任何事情或事物都不感兴趣，都采取一种无所谓的态度，表现出自暴自弃、破罐子破摔的行为。

7. 升华

对挫折的升华是指在遇到挫折后，不头脑发热、不急躁不安，而是保持冷静和镇定，客观地分析事情的着眼点和自己的心态、想法是否具有可行性，能认真地吸取经验教训，进而转化到自身行为上来，经过改进和提高后，继续朝着自己的目标努力，追求更高或更有价值的目标。

三、人格障碍

人的人格是由一系列稳定而独特的特质模式所构成的，这些模式与他人截然不同。人格又称为个性。它所呈现的是一种由内而外的真实人物形象，具有一定的倾向性。相较于其他心理过程和心理特征，人格呈现出五个显著特征，分别为自主性、主体性、整体性、间接性和变化性。

人格障碍是一种心理现象和行为类型，其发生与精神疾病和正常人格之间存在着一种微妙的关联。随着社会的发展、科技的进步和医学模式的转变，越来越多的心理学家发现人格与疾病有密切的关系，并提出了许多关于人格问题的理论观点和治疗方法。虽然在青少年人群中，真正存在人格障碍的人并不多见，但是存在人格不良倾向的人却不在少数，他们是人格障碍的易感人群，需要引起特别的重视。

人格障碍一般具有如下的共同特征：把自己所遇到的困难都归咎于命运和别人的过错；都有紊乱不定的心理特点和难与人相处的性格；对人对事总是怀疑、仇视，坚持固有的想法；认为自己对别人没有责任可言；自己的行为伤害了别人，自己却若无其事；对自己的不良行为缺乏认识，很少有求助动机。

根据人格的特质理论，人格障碍可分为11种类型：分裂型人格障碍、偏执型人格障碍、自恋型人格障碍、强迫型人格障碍、边缘型人格障碍、回避型人格障碍、依赖型人格障碍、冲动型人格障碍、戏剧化型人格障碍、反社会型人格障碍、被动攻击性人格障碍。

四、发展障碍

发展障碍主要是由代际冲突带来的。在社会转型时期，由于利益格局变化、价值观念多元、人际关系复杂等因素导致了青少年群体中出现不同程度的"代文化"现象，从而产生一系列代际冲突问题。代际冲突，是由于两代人的思维方式和行为方式的差异所导致的一种矛盾关系，这种关系被称为"代际隔阂"或"代际差异"。青少年社会工作者必须特别关注代际冲突问题，这是一个涉及社会发展、变迁、尊重和教育青少年以及青少年精神、心理和社会价值等多方面发展的复杂议题。

在一个人的成长和社会进步的过程中，代际冲突是一种不可避免的现象，而青少年发展中最为重要的心理现象则是自我意识的加强，他们渴望独立，并渴望获得社会的认可和支持。在这种心理驱动下，青少年表现出强烈的自我价值实现意识。他们以严苛的视角审视着父母和社会，而随着社会的发展，文化传承模式的演变使得代际冲突变得更加激烈。在这个意义上讲，代际冲突既表现出了对个体自身价值的肯定和尊重，又体现着社会对其人格塑造与培养提出的挑战。代际冲突，作为社会前进的基本形式之一，具有不可估量的积极意义，其本质在于不受人的意志所左右，从而推动着社会的不断进步。若代际纷争较少，则表明社会演变缓慢；如果代际冲突较大，则表明社会变迁迅速、剧烈和急剧变动。

然而，对于青少年的成长而言，代际冲突往往会带来一系列潜在的威胁和危机。由于青少年处在成长阶段，其身心发育尚未完全成熟，所以他们的认知能力有限，容易受到来自父辈的影响而产生偏差，甚至走向歧途。在面对长辈的教诲与现实社会的冲突时，他们常常感到无从下手，茫然无措；因为无法获得成人社会的认可，导致内心感到痛苦和迷茫；被当代社会的新奇与非凡所吸引，难以抗拒随之而来的负面影响；在不断积累的与成人社会的矛盾以及自身成长的冲突中，情感难以驾驭，甚至可能引发暴力冲突或自我伤害；青少年的文化认同和对同龄人群体的依赖，常常导致他们受到群体文化的影响，甚至形成了反社会的群体组织，等等。如何解决这些问题成为青少年社会工作者的任务之一。

五、群体交往

同伴关系是一种重要的社会资源，对个体社会化有着不可替代的作用。青少年在建立同伴关系时，其个人接纳性会受到限制，这种接纳性主要关系着青少年在群体中的受欢迎程度以及在同伴中的地位。如果一个人不能得到同龄人的支持和信任，那么这个人就不会获得社会上广泛的认可和尊重，也很难成长为优秀的人才。一个青年人必须找到并依附一个同龄群体，才可能真正健康成长；只有当青少年拥有了一定数量的同辈伙伴时，才能成为具有良好社会适应能力的人。在青少年时期，个体受到同龄群体的强烈影响。因此，在学校教育中要重视培养青少年的接纳能力。青少年社会工作的重要使命之一，在于提升青少年的自我认同度，协助他们更好地建立与同龄人的关系。

第三节　不同成长情境下的青少年工作与管理

一、解决受情绪困扰的青少年思想工作介入策略

青少年的情绪困扰主要来源于三大类，即日常困扰、人际困扰和学校生活压力。各种压力源的交互作用会造成青少年的焦虑、抑郁、自卑、嫉妒、冷漠、愤怒、沮丧等种种情绪困扰。排解情绪困扰的介入策略具体如下：

（一）建立助益性的人际关系

青少年与社会工作者的专业关系是影响青少年情绪问题治疗的一个重要因素。青少年普遍存在情绪困扰，导致他们的自我价值感相对较低，对自身存在一种消极的态度。青少年情绪问题主要来自社会环境、家庭及学校三个方面，这三者中最根本的原因在于社会工作者与青少年之间缺乏一种良性互动机制。社会工作实务中经常需要帮助处于矛盾冲突状态的人或事，此时就应该考虑社会工作介入青少年心理危机干预的可能性和可行性。罗杰斯强调与当事人建立助益性人际关系，他说，如果社会工作者能提供一定种类的人际关系，当事人会在自己身上发现利用这种关系促进成长的能力，所以真正解决青少年问题的不是社会工作者，而是案主本身。

助益性的人际关系体现为：在社会工作中，人们以真诚透明的方式表达内心各种感受和态度，无论是言语还是行为，都充满了愉悦和满足；只有在接纳和欣赏当事人的过程中，才能营造出一种可供当事人利用的关系：一种对当事人关注，毫无保留地认为他是一个具有独特价值的人——无论他的状态、行为或感受如何，才能营造出一种安全感；敏感的同理心，即社会工作者必须持续不断地追求对当事人当前感受的深刻理解，以及对其各种情感和个人意义的精准表达。

（二）理性情绪行为治疗介入

根据理性情绪行为治疗（REBT）的观点，ABC 模式进一步演化为 ABCDE 模式，其中 A 代表触发事件，B 代表信念，C 代表情绪和行为后果，D（Disputation）代表驳斥非理性想法，即与案主进行辩论，帮助他们挑战自己的非理性信念，以

期让他们放弃这些信念，E代表新的感觉和效果（Effect）——案主能够放弃非理性信念，建立理性与现实的人生哲学，从而更好地接纳自己和他人。该理论认为当事人有可能会因为某些原因而产生错误或不正确的认知。运用"ABCDE"模式可以挑战当事人的非理性信念，对其情绪、行为进行疏导。驳斥是一种主动协助当事人评估其信念系统的有用且有效的方法。通过心理诊断和领悟阶段，帮助当事人认识到不适当的情绪、行为表现或症状是什么，然后社会工作者运用驳斥的方式动摇当事人的非理性信念。有四种主要的驳斥方式：功能性驳斥（这对你有用吗？）、实证性驳斥（你说这是真的，证据在哪儿？）、逻辑性驳斥（"X"之后一定要有"Y"，请问这当中逻辑在哪里？）、哲学性驳斥（这方面有时候或几乎无法如你所愿，除此之外，还有其他生活的部分可让你获得满足吗？）。

REBT的重点不仅在于改善当事人对于当前处境的感受，同时也教当事人运用这些技巧，帮助当事人建立一个更踏实，对人和事有更大容忍度的人生哲学，以便将来遇到逆境时也能变得更好。

REBT强调运用认知、情绪、行为等各方面的技巧。认知技巧包括驳斥、合理的因应句型、示范、优劣分析、认知作业、心理教育作业、劝服他人、认知重整等；情绪技巧主要涉及角色扮演、幽默、无条件接纳、鼓励、会心演练等；行为技术主要涉及增强作用、惩罚、打击羞耻练习、技能训练、欲擒故纵的作用、预防重蹈覆辙、临场脱敏法、持续待在困境、将理性信念付诸行动等。

（三）其他介入方法

1. 家庭治疗

许多青少年的情绪困扰是与其家庭环境相关的，因此在辅导的过程中，社会工作者需要对整个家庭进行家庭治疗。在介入家庭时尤其需要关注父母对青少年的控制水平、家庭成员之间的情感表达、父母是否给予青少年更多的温暖、父母是否给予青少年更好的鼓励和肯定等，并针对造成青少年情绪困扰的因素进行介入。

2. 小组方法

针对影响青少年情绪的生活、学习等方面的压力源，社会工作者可以采用小组工作的方式，使青少年在学习处理人际关系、应对学习压力等方面积累经验，预防青少年可能存在的情绪困扰。同时，认识情绪、正确表达情绪，并掌握一些情绪调节的有效方法，形成自我调适、自我控制的能力对青少年来说更为重要和直接。对此，上海市长宁区虹桥街道服务中心、虹桥街道青少年事务社会工作点、上海人民广播电台"990"新闻频率团支部与华东师范大学心理学系联合会建立的上海首个"情绪直通车"项目进行了有益的探索。

二、疏导偏差性格的青少年工作策略

青少年期是性格形成的关键时期。但是，由于个人、家庭、学校等因素的影响，青少年可能会出现各种偏差性格，影响正常的学习和生活。青少年偏差性格表现为：过度依赖、偏执性性格、反社会性格、冲动、叛逆、性格孤僻等。

对青少年的性格偏差，应该采取发展的眼光来看待，即青少年存在的性格偏差是发展中的问题，是可以进行疏导的，不能将其简单地定义成某种标签，甚至过早地将其定义为"问题青少年"，这样将不利于青少年的发展。

（一）个别疏导法

个别疏导指采取一对一的方式进行针对性的引导。社会工作者首先需要详细了解青少年的各种表现，并与青少年建立良好的专业关系，多聆听青少年的想法和感受，对其多鼓励、充分相信他的潜能，让青少年相信自己可以做得更好。在建立关系的基础上，逐步引导青少年对自己的性格表现进行反思，让青少年认识到具有性格偏差的危害，这是对其进行性格疏导的关键步骤。

在具体的介入策略上，可以采用的方法有行为训练、认知行为疗法等。行为训练适用于过度依赖性格的人，他们需要通过行为训练提高自己的动手能力。行为训练主要指让青少年从小事做起，选择合适的、能增强自主独立性的任务，并给予适当的正强化，同时要求家长给予配合，以保证行为训练取得预期效果。

认知行为疗法适合于偏执、冲动、叛逆等不良性格。以偏执为例，根据认知疗法的基本观点，偏执性格的人存在认知上的偏差，偏执性格的人在内心非常自卑，由于各种原因使青少年产生了不正确的认知，使其形成了基本信念和中间信念，从而在遇到相关情境时会产生自动思维，进一步引发青少年的偏执行为。

（二）其他策略方法

1. 小组方法

可以通过同质性小组或异质性小组的方式，以克服性格偏差为主要目的，成立克服性格偏差的互助或成长小组，小组成员在社会工作者的引导下讨论性格对自己的影响，并积极想办法克服自己的偏差性格。因为具有性格偏差的人多数与人际关系相关，在小组中，鼓励他们积极主动地进行交友活动，可以使其在与朋友的交往中发现不足进而改正，并在交友中学会信任别人，消除不安全感。交友训练最主要用于偏执性性格治疗中，交友训练也比较适合于其他性格偏差，如性格孤僻、冲动等。

2. 家庭治疗

青少年性格的养成与父母的教养方式、沟通方式等紧密相关，因此需同时介入整个家庭。对于依赖性格的青少年，应引导父母鼓励孩子自己做决定、不再对孩子的事情包办代替，表扬、鼓励孩子树立自信心，学会让青少年为自己的事情负责任，培养孩子的责任心。对于偏执的青少年，应引导父母信任、鼓励、赞扬孩子，减少对青少年的不信任、拒绝、斥责和贬低，给予青少年更多的温暖和爱，让他体验到情感上的温暖。对于反社会性格的青少年，应引导父母关注孩子，向孩子传递正确的标准和价值观，减少亲子间的冲突。对于冲动的青少年，应引导父母加强与孩子的沟通，通过恰当的途径排解孩子内心的愤怒和不满，并与孩子一起讨论解决问题。对于叛逆的青少年，要让父母明白叛逆是一个过程，不强求孩子，尊重孩子，需要父母以开放的态度对待孩子，加强与孩子的有效沟通，多倾听孩子的心声。对于性格孤僻的青少年，要引导父母走进孩子的内心，鼓励孩子，让孩子变得自信，变得更加了解自己和他人，并在生活中逐渐锻炼孩子的社会交往能力。

三、解决受学业危机困扰的青少年工作方法

青少年学业危机是青少年在学校学习时遇到的危机，主要有学业不良、学校恐惧症、厌学等。危机原指病情好坏的转折点，常被视为个人面临的无法解决的问题，有危险和机会两个意思。如何用专业智慧帮助青少年在学业中转危为机，是社会工作者需要首先考虑的问题。

（一）学业不良以及解决策略

学业不良主要是指那些身心健康、智力正常，但在学业中存在严重困难或学

业屡遭失败，学习成绩低于教学大纲最低标准者，它不包括那些智力落后者。国内研究者认为"学业不良"的界定包括以下三个维度：第一，学生的智力正常，但在学业上有困难；第二，学生未达到一般学习水平（符合课程标准要求）；第三，导致学业不良的原因不包括生理缺陷。

学业不良的辅导策略如下：

1. 注重个别辅导教学

由于学校是以规定的时间来组织班级教学活动的，对于能力水平较强的学生来说，这一时间是充裕的，但是对于能力水平一般或基础较差的学生来说，学习时间是不够的。对于学业不良的学生而言，关键在于创造良好的条件，尤其需要强调个别辅导。

2. 个别干预

社会工作者需要详细了解青少年学业不良产生的原因，并依据"自我分析"的原则，运用解释、自我揭示、逻辑推理等方法，审视青少年的内在因素，例如学习目标不明确、对教师存在偏见等，要求青少年在咨询后以日记的形式记录下认知和学习方面的变化，在必要的时候给予家庭互动干预。

3. 小组干预

小组干预的训练重点在于：注意力训练、自信心训练、自控力训练及学习方法、学习策略干预等；认知干预，通过说服、讨论、示范、强化、矫正等方法使青少年相信努力对成功的重要性；行为干预，通过示范疗法、自信心训练等方法干预，让学生在行为上改变；学习策略干预，在小组中训练各种学习策略；强化时间管理能力，学业不良是与学生的时间管理能力相关的，学业不良的学生在学习时间管理能力方面总体上显著低于成绩优秀的学生，具体体现在时间价值观、主动管理时间的意识和敏感性、有效利用学习时间的自我调控能力、时间规划能力、学习时间实时管理能力等方面。

4. 家庭干预

一些学习障碍、学习不良现象的背后隐藏的是情绪问题，这些可能来自不良的家庭互动。家庭干预的核心在于唤起父母对于家庭成员之间互动品质对学生学业成功的显著影响的认知，引导家庭从单向教育向双向交流转变，从而营造一种民主、真诚、亲情、向上的氛围，为那些学业不佳的青少年提供一个良好的学习环境。

（二）厌学现象以及解决策略

学生在学习活动中表现出的一种消极反应模式，即厌学，其主要特征为对学习的认知存在偏差，情感上对学习持消极态度，行为上主动远离学习，产生厌倦情绪，对学校生活失去兴趣，甚至产生厌恶和逃避的情绪。厌学的学生往往把学习看成负担，被动地应付学习，把学习视为一件痛苦的事情；缺乏自信心和自尊心，自暴自弃，不能很好地适应新环境；缺乏明确的学习目标，导致对学习缺乏热情；缺乏专注听课的态度，未能顺利完成作业。但是不能仅凭学生对某一学科不感兴趣，学习成绩较差，就对其下厌学的结论。

每一个青少年厌学的原因是不同的，因此要认真分析，找出原因，对症下药。改善厌学情绪的总原则为：改善环境，愉悦心境；改变观念，接受自我；激发兴趣，树立信心。厌学的解决策略如下：

1. 强调教师对青少年的影响

教师对于克服青少年的厌学心理影响最大。在态度上，教师应该对每一个学生都树立信心，不能因为学习成绩而对学生区别对待，给每一个学生创造一个参与学习、安全的学习环境。在教学中，鼓励教师改进教学方法，构建能激发学生兴趣的教学情境，通过设计一些开放性、发散性、挑战性的问题，选择有吸引力的材料，或者采用小组的方法鼓励学生直接参与，把学生从苦学的深渊带到乐学的天堂，让学生体会到学习的乐趣。在学生评价上，不能以成绩作为唯一的尺度去评价学生，要在促进学生全面发展的前提下，从不同视角和层面看待每个学生，促进个性品质的形成与发展。

2. 引导家长理智对待孩子的厌学

家长与孩子朝夕相处，家长的言行、情绪等都会影响到孩子。第一，家长要树立健康的学习观念，不唯成绩论，注重孩子的综合素质。第二，要让孩子树立学习的信心，充分相信孩子所具备的潜力，不断挖掘孩子优秀的地方并给予肯定。孩子最忌讳家长总是拿自己的不足与别的孩子比，这种比较不仅不能激发孩子的成长，反而会令孩子产生逆反心理，导致他们更加厌学。第三，家长应帮助孩子建立学习的责任感，学习是孩子的事情，要做到自己的事情自己做，家长不要代替孩子成长，要让孩子自己去体会今天的选择将决定他的未来，在思想上真正成熟起来。第四，家长要加强与孩子的沟通交流，做孩子的良师益友，尤其要学会倾听孩子的心声。第五，做孩子行为的表率，多看书，潜移默化地影响孩子的一言一行。第六，如果孩子来自离异家庭，最重要的是让家长用言行告诉孩子，父母虽然离婚了，但是仍然是爱孩子的，关心孩子的；如果孩子的父母之间关系很差，则改善关系是首要任务。

3.通过小组活动让青少年爱学会学

对于有厌学倾向的青少年，社会工作者可以将他们组织成一个克服厌学心理的小组，这样方便成员之间交流思想与感受，更可以交流学习的技巧，协助彼此解决问题。

第四节 基于社会环境的青少年工作与管理

一、留守青少年的关爱与管理工作

（一）留守青少年概述

由于快速的社会转型和城市化过程加剧、农业生产机械化逐步普及等原因，我国农村部分剩余劳动力涌向城市寻求出路与发展成为一种必然，农民工已成为城市的一道风景线，也是推动城市不断向前发展的重要力量。但基于经济负担以及城乡文化的差异性等现实原因，部分农民工选择将子女留在家乡，形成了父母和孩子分隔两地的现象。由于父母教育的缺失，留守青少年的身心发展尤其应得到社会工作者的重视。

（二）留守青少年社会工作介入策略

1.直接介入留守青少年的自身问题

针对留守青少年问题，社会工作通常采用个案社会工作或小组社会工作等方式进行干预。这些介入方式都是以留守青少年自身为中心，通过与之进行沟通和交流来实现的。

针对留守青少年所面临的多种问题，社会工作介入可以采用多种不同的社会工作模式，以达到更好的效果。为了缓解留守青少年因父母外出打工而导致的生活平衡被打破、心理失衡的危机状态，我们可以采用危机介入模式，以帮助他们找到新的平衡点，重新回到正常的日常生活中。

针对留守青少年的经济困难问题，社会工作者可采取物质援助模式帮助其走出困境，并在此基础上建立良好的家庭关系和社会关系。

针对留守青少年的心理健康教育问题，社会工作者可以运用心理与社会相结合的模式，运用疏导、鼓励、支持等技术手段，为其提供心理治疗服务。

针对留守青少年的学习问题，社会工作者可采用团体辅导方式促进其学业进步。为了纠正不良行为，社会工作者可以运用行为治疗模式，以解决道德和社会行为方面的问题。

同时，社会工作机构还需要根据不同情况，采用多种方法组合运用，以达到最佳效果。尽管每一种模式都有其相对独立的适用范围，但在社会工作实践中，它们并非孤立存在，而是相互协作、相互促进，共同为案主提供服务。

2. 间接介入留守青少年的社会支持体系

农村留守青少年的支持体系涵盖了多个方面，第一类是物质方面的支持体系，主要由家庭、学校、社区、社会、政府和社会工作者等组成；第二类是非物质层面上的支持体系，即心理和情感方面的支持。其中包括法律法规、政策方针、规章制度以及社会文化等多个方面。

这些支持体系可被划分为微观、中观和宏观三个不同的维度，以满足不同层次的需求。具体而言，对于农村留守青少年问题，应该建立起一个多层次、多形式的社会支持体系。

具体而言，微观层面的家庭和学校，中观层面的社区，宏观层面的政府和政策法规，在介入社会工作的模式和方法上呈现出多样性。为了介入留守青少年教育的社会支持体系，我们可以采用一种分层次的社会工作模式，该模式以社区为基础，以学校和家庭为重点，同时政府和非政府组织等多方合作协调。

（1）微观层面

社会工作应当以关注留守青少年的家庭和在读学校为中心，以填补家庭教育的空缺，并推动学校对留守青少年的教育和管理。

留守青少年由于父母外出务工而造成的家庭教育的缺失，导致他们在学习、心理健康、道德品质和社会行为等方面常常陷入困境。为了解决留守青少年在生活中遇到的问题，社会工作者可以积极开展家庭社会工作，为他们提供必要的帮助和支持。同时，在开展工作时，社会工作者应该根据留守青少年的不同情况采用适合他们发展的方法，从而更好地发挥社会工作服务功能。

针对留守青少年在学习方面缺乏辅导的问题，社会工作者可以与其建立紧密的专业关系，直接为其提供个性化的学习辅导服务，成为其学习过程中的得力助手和坚定支持者，同时也可以利用社区资源为留守青少年提供心理咨询服务，如设立心理咨询室或小组等，以促进他们健康成长。社会工作者在为留守青少年提供"一帮一"的学习辅导时，应当担任组织者和协调者，同时也可以组织志愿者或社区中高年级学生。同时社会工作者还可以将其所学知识运用到实际工作之中，如参与公益活动，为留守青少年提供心理援助。对于留守青少年而言，学校是一处至关重要的场所，因为它为他们提供了一个重要的教育和生活场所。学校社会工作应该通过开展各种活动帮助留守青少年提高自身素质和能力，让他们能够更好地适应新时期社会环境的变化。因此，学校的社会工作者有责任督促学校建立相应的规章制度，以确保学校和教师对留守青少年的关爱和鼓励。

另外，学校社会工作还应该关注农村留守青少年心理健康、道德情感、家庭生活及社会适应等各个方面。在学校社会工作的发展过程中，出现了三种不同的工作模式，分别是以问题为导向的工作模式、以学生为导向的工作模式以及以社区为导向的工作模式。

学校社会工作可以从家庭生活、同伴关系及亲子关系三个角度来关注留守青少年。为了解决留守青少年在心理、道德行为等方面的问题，学校社会工作者可以采用以问题为导向的工作模式，通过情感支持、情感宣泄和理性引导等方式，为他们提供帮助和支持；为了解决学校、老师、家长和监护人之间联系不足的问题，学校社会工作者可以采用社区导向工作模式，通过建立家长学校、召开学生家长会、进行家访等多种形式，加强与学生家长的互动和沟通；对于一些严重影响学习和身心健康的不良事件，学校社会工作者也可以采用社区导向工作模式进行干预。此外，学校的社会工作者可以通过举办讲座和培训班等方式，向家长传授有关子女教育的知识和方法，以促进家庭和学校教育之间的配合更紧密。

（2）中观层面

社会工作应当以社区为基础，建立专门为留守青少年提供教育服务的机构，积极开展关爱留守青少年的活动，以营造一种关爱"留守青少年"的良好环境。

社区应多组织一些鼓励留守青少年参加的文体节目，丰富他们的日常生活；对一些特别贫困的家庭给予物质上和精神上的帮助；树立一些好人好事的典型，通过榜样的示范力量，给留守青少年以积极的影响；利用小组社会工作的模式，成立一些积极向上的兴趣小组或成长小组，定期举办小组活动，通过小组的力量来引导和约束他们。

（3）宏观层面

社会工作通过介入留守青少年问题，推动留守青少年教育法律法规和相关政策的制定，以促进他们的合理发展。

社会工作者可以运用舆论宣传和新闻媒体等多种手段，以提高社会对于留守青少年问题的关注度；可以直接向有关部门反映留守青少年存在的问题，从而得到相应的帮助或支持。为了解决留守青少年在外地就学的问题，我们需要协调各组织之间的关系，整合多方面的资源，以增加农村教育资金的投入，促进教育资源的均衡分配。在这一过程中，社会工作者扮演着倡导、支持、协调、参与和管理等多重角色。

二、残疾青少年的扶持社会工作

（一）残疾青少年社会工作概述

残疾人指的是由于心理上、生理上或人体结构上的缺陷，缺乏作为正常人以正常方式从事某种正常活动能力的人，其中缺陷包括某种组织或功能的任何异常或丧失。

《中华人民共和国残疾人保障法》规定，残疾人包括视力残疾、听力残疾、言语残疾、肢体残疾、智力残疾、精神残疾、多重残疾和其他残疾人。残疾青少年的类型基本如上。也有学者把残疾青少年分为以下几种：智力残疾、肢体残疾、听力残疾、视力残疾以及语言残疾青少年。

残疾青少年社会工作是指社会工作者秉承专业理念、运用专业技术和方法针对具有残疾特征的青少年开展的一系列有效的帮助和服务，其目的是使残疾青少年能够克服环境障碍，发现自身的价值和潜能，树立生活信心，更加平等地参与社会生活，享受社会福利。

针对残疾青少年的社会工作，其具体内容包括医疗康复、家庭服务、特殊教育、就业辅导和职业训练以及维权服务等方面。

1. 医疗康复

社会工作者要帮助残疾青少年最大限度地恢复生理功能或进行功能补偿，以增强他们参与社会生活的能力。医疗康复工作是残疾青少年社会工作的重要工作内容之一。虽然在实际工作情境中，具体康复工作是由医生或其他康复训练师完成，但这仍然要求社会工作者掌握较为丰富的相关生理医疗知识，以便帮助案主发现和找寻到有效、适合的康复治疗途径和资源。除此之外，社会工作者可以通过斡旋、调解残疾人、家人及服务机构人员之间出现的不协调和冲突，促进各方的沟通和合作，以便为案主提供有效的帮助。

2. 家庭服务

这是指对有残疾青少年的家庭提供服务，包括提供实物帮助，或者帮助其取得物资支持的机会；提供家庭精神支持；帮助建立良好的家庭人际关系，以促进残疾青少年的健康成长。由于青少年本来就处在"第二次断乳期"，与家庭的关系是影响其成长的重要因素，对于残疾青少年来讲，家庭的力量对其影响更大，因此家庭服务的视角对于残疾青少年社会工作来说具有重要的意义。

3. 特殊教育

社会工作者要帮助残疾青少年掌握必要的知识和技能，以便使其发掘自己的优势和潜能，享受应得的权利，这是残疾青少年融入正常社会生活的重要环节之一。社会工作者应该帮助残疾青少年们享有平等受教育的权利，并且能够帮助他们获得更全面、高质量的教育。

4. 就业辅导和职业训练

社会工作者可以帮助那些达到法定年龄的残疾青少年进行求职方面的指导，根据其实际情况寻求更适宜的工作岗位，并且为其提供技能上的训练和心理上的支持，以便使他们自立自强，更好地融入社会。

（二）残疾青少年社会工作的方法策略

个案工作、小组工作和社区工作这三种方法均可以应用在针对残疾青少年的服务过程中，尤其是个案和小组工作的方法，对于青少年这个特殊群体来说更为适用，操作起来也更为便利、有效。

运用个案工作中的各种具体技术和方法，例如倾听、同理、支持、探索—描述—宣泄等，可以有效地与案主建立起良好的专业关系，使得残疾青少年在自我探索的过程中不仅能够得到足够的支持和理解，更能有机会形成健康良好的价值观和人生观，从而帮助他们进一步建立自信，提升自尊。小组工作方法较为适用于具有同类型残疾的青少年们，在相同困难情境中的残疾青少年们彼此更容易形成认同，给予彼此恰当的理解和支持，并且能够在小组中获得更多的经验和社会资源。

除此之外，在具体方法的运用中，有必要重点提及家庭治疗的视角和方法。在实际工作中，社会工作者面对的案主往往是残疾青少年家庭，家庭中的每一位成员有可能都在面临着各自的压力和困境。社会工作者要注意评估和判断家庭的结构、每一位家庭成员的状态以及他们之间的权利关系和沟通状况，及时发现和处理家庭内部的紧张和矛盾，以便提升整个家庭的抗挫折能力。另外，家庭与其他社会组织，例如社区、康复机构、媒体和政府职能部门等机构之间的关系也应纳入我们社会工作者的工作视野。帮助家庭利用各种途径获得更多社会资源和支持，是社会工作者的重要工作职能之一。

第五章
青少年的心理工作研究

本章为青少年的心理工作研究，分为三部分内容，依次是青少年心理障碍概述、社会工作对青少年心理障碍介入的可行性、积极心理学视角下的青少年心理工作。

第一节　青少年心理障碍概述

青少年心理工作不仅仅是对青少年的咨询和管理，而是需要站在青少年整个法治的角度去开展青少年心理工作。

新时代，青少年的心理障碍早已成为社会各界普遍关注的热点问题。国内学术界对青少年心理障碍问题的研究呈现蓬勃发展之势，研究范围涵盖青少年心理障碍的特点、表现、成因、发展趋势以及应对措施等五个方面。

一、青少年心理障碍的特点

有学者观察，青少年心理障碍的特点在于其心理活动的多样性，由于受价值观、信仰、认知能力和审美标准等多方面因素的影响，每个个体在对外部事物做出评估时都会呈现出明显的差异。随着社会环境的改变，青少年的心理健康也随之发生变化，并且出现了一些新的特征。当青少年探索外部世界时，他们的情感、性格和认知等心理方面会呈现出多样化的特征。另外，青少年的心理健康水平与父母教养方式也密切相关。研究青少年心理障碍问题，我们可以发现其特征，例如，青少年心理障碍的发生与其年龄和发育密切相关，而城市和乡村青少年的心理障碍发生率和表现则存在显著差异。然而，对于青少年心理障碍的特点，目前的研究还不够深入，对于那些对此感兴趣的学者而言，他们可以展开更为深入的探究。

二、青少年心理障碍的主要表现

心理障碍是指个体不能适应环境或应对挫折时所产生的一种情绪性反应。青少年心理障碍的表现形式多种多样，包括但不限于社交交往、恋爱、就业、学习、性、认知等方面，这些障碍的发生与青少年对社会的适应能力不佳密切相关。还有一些研究者则认为青少年心理障碍包括了生理疾病和心理疾病两大部分，但他们没有区分出哪一部分是真正的心理障碍。一些学者指出，青少年心理障碍主要体现在他们对自我身份的认知出现混乱，对不合理的想法和处理方式感到困惑，以及自身的心理压力和抗挫能力与外界压力的不协调，从而导致了心理上的危机。学者将其归为三类：第一类为类神经症，表现为睡眠障碍、焦虑、社交恐惧和强迫行为等症状；第二类为心理疾病，表现为情绪不稳、情绪低落、孤独孤僻、人际关系不佳以及攻击性行为等方面；第三类为情感精神障碍，表现为疑虑重重、情绪波动剧烈等症状。这些学者详细探讨了青少年心理障碍的主要表现，从心理、行为、情绪、人际关系等多个方面进行了深入分析。

三、青少年心理障碍的主要成因

青少年心理障碍的主观成因主要涉及心理和生理两个方面，这两个方面的因素相互作用，共同导致了其心理和生理上的不适。有学者认为，青少年心理障碍与遗传、环境和生活事件有关。还有学者认为，青少年出现心理障碍的根本原因在于其心理和身体发育的协调性不足，缺乏对外部社会的适应能力，对事物的判断标准尚未确立，以及自身在应对压力方面的能力不足。还有一些研究者从社会学角度出发研究了青少年产生心理障碍的原因，指出青少年心理障碍的根源在于他们尚未完全形成对事物的评判标准，思维简单，缺乏社会经验，容易受到外界因素的影响。

此外，由于处于青春期，青少年的个性和想法倾向于标新立异，但内心脆弱，往往容易受到外界因素的影响。父母的教育观念和文化水平对孩子的管教方式产生了一定的影响，不科学、不合理的管教方式容易对孩子造成伤害，或者将未实现的愿望强加于孩子，导致孩子心理压力的出现。由于教师在心理现象的认知和解读方面存在缺陷，导致他们无法及时洞察和了解青少年的想法和心理，从而在教育过程中出现了失误。主观原因方面，研究者也多从心理学角度分析了青少年的心理特征及产生这些问题的心理因素。青少年的心理健康受到社会环境的影响，其中包括媒体宣传和网络文化等因素，这些因素容易误导他们。

四、青少年心理障碍的发展趋势

无论是在国内还是在国外，相关研究均表明，由于青少年处于青春期的独特性、家庭环境的不可消除性、社区环境的影响、社会转型与变迁、教育体制的缺陷等多种因素，青少年在生活和社会交往中出现心理障碍的概率不断增加，且出现心理问题的人数逐渐增加，初次出现心理失常现象的年龄也逐渐降低，随着社会的发展，青少年心理障碍呈现出新的表现，总体而言，青少年心理障碍在各方面都有进一步发展的趋势，需要引起社会各界的高度重视和关注。

五、青少年心理障碍的对策措施

为了全面、多维度地培养和教育青少年，学校致力于提高他们的心理韧性和缓解压力的能力。青少年应该积极参与社会实践，与社会互动，不断提升自己的心理素质。目前关于青少年心理健康的研究主要集中在心理学领域，而与之相关的理论探讨较少。一些学者也从家庭、学校、社会和个人等四个方面提出了预防青少年心理障碍的措施，以保障他们的身心健康和全面发展。对于青少年的心理障碍问题，学者们普遍认为，应该从多个方面入手，包括但不限于青少年个人心理的调适和健康维护、同龄群体的影响、家庭管教方式和环境的改善、学校教育和课程设置、社区环境的净化、专业工作者的服务和帮助、媒体的关注以及志愿者的帮助等，以制定相应的对策措施。

对于"心理障碍"这一概念的含义，不同的人有不同的见解，存在着不同的观点和看法。一般认为，心理障碍是指个体由于先天禀赋不足或后天发展失调而造成的一种特殊的心理现象。据某些学者所述，心理障碍指的是人的内在环境与外部社会环境之间的不协调，导致心理状态异常。有学者认为心理障碍是指个体在一定程度上所具有的某种特殊心理特征或行为模式，即一种异常反应。还有学者指出，心理障碍主要指个体由于各种原因而产生的对自己或他人造成一定影响的情绪体验和行为倾向。还有学者将这几种不同类型的心理障碍归并为一种心理疾病。这些学者的共同观点在于强调当事人在适应环境方面存在困难，然而有些人更注重个体心理，而另一些人则更加强调与环境之间的相互作用。

根据国际心理卫生大会的定义，心理健康指的是人在生理和心理方面都能够与外部环境和谐相处，并在不相互冲突的情况下保持平衡，这种状态具有以下几个特点：一是生理和心理的协调发展；二是社会资源丰富且与人和睦相处；三是具备追求生活幸福的能力；四是能够在社会中寻找到应有的价值和意义，并在此过程中创造财富和个人价值。由此可见，健康不仅仅包括身体上的完好，更重要的是一种良好的精神状态和健全的人格品质。强调了人与社会环境之间的协调互动,以确保二者之间的和谐互动。

本书综合上述观点,并从社会工作强调人与环境之间的互动关系的角度出发,得出结论:心理障碍是指青少年因生理发育、心理发展和社会转型与变迁等原因而导致的,内部身心环境与外部社会环境失衡,从而引发心理冲突,使其社会适应能力下降,无法正常社会化的一种现象。

第二节　社会工作对青少年心理障碍介入的可行性

一、专业本质层面

心理障碍的青少年常常面临着情绪、人格、行为和社交等多方面的挑战,这些挑战限制了他们在解决问题和适应社会方面的能力,他们不仅需要解决现有的问题和困境,更需要提高自身的能力水平。因此,对心理障碍青少年进行有效的干预成为摆在我们面前的一项重要任务。

社会工作所倡导的"助人自助"理念完美地满足了心理障碍青少年的需求,因为社会工作者在帮助他们解决最基本的心理难题和困扰后,更加注重培养他们的能力。在介入心理障碍青少年的人际交往过程中,社会工作者的介入不仅能够协助他们分析和梳理人际交往状况,更能够帮助他们掌握更多处理人际关系的技巧,从而提升其社交能力。心理障碍青少年可能受到来自自身认知因素、自我效能感以及其他一些外部条件的影响,导致他们无法正确地认识自己、评价他人,从而阻碍了其发展潜能的发挥。

由于受到非理性情绪和行为障碍等因素的影响,心理障碍青少年在利用周边社会资源方面可能会受到限制,因此社会工作者会协助他们发现、挖掘、整合和利用周围的社会资源,并鼓励他们积极参与其中,以提高他们获取周边社会网络支持的能力。此外,社会工作者在干预过程中引导心理障碍青少年培养积极合理的思维模式,提高问题分析技能,掌握放松和减压技巧,以及了解更多释放压力的方法和途径等,这些干预措施在一定程度上有助于当事人能力的培养和潜力的挖掘。总之,社工介入心理疾病青少年问题有很大的优越性。此外,社会工作者也可以协助他们进行心理疏导、提供心理咨询与治疗服务以及开展各种心理健康教育活动等。

二、专业价值层面

（一）对工作的投入

在青少年心理障碍的情况下，他们通常会面临多种问题，包括但不限于心理、行为、婚姻、工作、亲子关系和身体疾病等，这些问题的成因十分复杂，涉及自身、家庭和环境等多个方面，因此需要进行长时间、持续的观察和干预，以彻底解决这些问题。

因此，要想真正解决心理障碍青少年问题，必须有一套系统、完善、行之有效的方案和方法。社会工作者必须具备高度的社会责任感和敬业精神，以满足社会工作专业价值的要求，从而提高社会工作介入心理障碍青少年问题的可操作性。

社会工作介入心理障碍青少年的方法主要包括心理疏导、行为训练、团体辅导以及咨询与教育活动四个方面。社会工作的重点在于对心理障碍青少年进行深入、持久的观察和长期的干预和介入，因此社会工作者可以为他们提供周到、持续的服务和支持。我们有必要将社会工作的理念与方法引入心理咨询领域中去，通过对心理障碍青少年进行系统全面的咨询来达到矫治目标、提高心理教育的效果。社会工作者需要长期持续地观察、收集资料、分析和运用专业理论知识，以理清事件之间的逻辑关系，并通过一段时间的介入、对症下药，以及定期进行家访和跟踪调查，以解决具有多重困境的心理障碍青少年问题，这突显了社会工作者服务的持续性、周到性和对工作的投入程度在介入时的优势和可行性。

（二）案主的自决

在面对纷繁复杂的问题和困扰时，心理障碍青少年常常难以作出明确的判断，或者在面对众多选择时，难以作出明智的决策和选择。因此，社会工作者往往需要帮助当事人去寻找解决这些心理困惑的办法和途径。即便如此，社会工作者也不会将自己的思想或意志强加于案主，干扰当事人的决策，而是尊重当事人的自主选择和想法，让其自主作出决策。

对于一位因工作压力而出现心理障碍的青少年而言，最大的挑战不仅在于心理压力的困扰，还在于对现有工作抉择上的困难和犹豫。因此，当青少年陷入类似两难的境地时，他们的父母可能会介入其中，例如劝导他们暂时放弃这份工作。但是，社会工作者作为专业人士介入时，会与心理障碍青少年共同分析这项工作的利弊，并通过商量和讨论，协助他们作出自己的判断和选择，这在一定程度上尊重了心理障碍青少年的自决权，而不是像非专业人士那样因为生活经验比青少年丰富而强加自己的意愿。

因此，在社会工作者介入时，无论案主面临何种抉择，都不会剥夺心理障碍青少年的选择权，而是尊重他们自主决策的权利，这是其他专业或非专业人士无法确保的。

（三）对案主的尊重

由于其心理和行为上的异常表现，青少年在某些情况下可能会遭受他人的嘲笑，被视为异类，遭受歧视，甚至人格受到侮辱。这类青少年在面对这些情况时往往会产生一种自卑和焦虑感，甚至会产生轻生念头。当社会工作者介入心理障碍青少年时，他们会以尊重和关心的态度对待他们，认为他们的问题只是暂时的，不会因为他们的心理和行为异常或被贴上其他标签而歧视他们。

如果青少年能够正视自己的心理和行为，并积极配合社工进行心理咨询与辅导的话，他们就可以顺利渡过这个时期，并且能逐渐适应社会生活。在青少年社会工作实践中，存在多种情况，例如父母犯罪的青少年、身体或智力残疾的青少年、性格孤僻或有怪癖的青少年等，这些人经常被贴上不同的标签，然后被同龄人孤立、歧视或排斥，这会导致他们产生心理障碍或加重心理障碍的程度。在介入这些心理障碍的过程中，社会工作者不会因为其亲人曾经的错误、犯罪或青少年自身的异常而对其有任何看法或歧视，而是将其视为需要帮助的人，给予其必要的关心和尊重，这有助于帮助心理障碍青少年放下心理负担，消除不必要的担忧，安心地接受治疗。

在干预心理障碍青少年的过程中，社会工作者坚守保密原则，即对所收集到的青少年个人信息和资料进行严格保密，尊重其隐私权。另外，社会工作者应该注重与心理健康教育工作者之间的沟通。随着青少年社会心理的发展，他们日益追求独立的个人空间，并开始拥有自己的隐私和秘密。尽管这些隐私在主流价值观或道德标准下可能被分为优劣，但作为社会工作者，我们有责任保护青少年的隐私，尊重他们的隐私权，建立与心理障碍青少年的信任感，并有助于维护专业关系。

（四）对案主的接纳

尽管不同的青少年在心理障碍方面存在差异，但社会工作者在提供服务时不会因案主的出身、民族、性别、年龄、身体状况、社会地位等因素而进行差别对待。社会工作者应当根据来访者自身的实际情况为其进行针对性的心理咨询与辅导。社会工作者对每一位心理障碍青少年都施以同等的关怀和支持，给予他们充分的包容和支持。

同时，要注意避免因个体间心理发展水平上的巨大差异性造成的问题，尤其是对那些具有明显的缺陷或障碍的心理障碍青少年，更要尊重他们的人格特点与需求，使之能够健康地成长成才。由于现实生活中存在各种差异，一些心理障碍青少年无法获得公正和正确的对待，这些青少年常常因为他人的价值和偏见而被排斥和歧视，而存在心理障碍的青少年本应得到社会和他人的关注和帮助，却反而被嫌弃，这会加剧青少年心理障碍的程度，甚至可能引发一些破坏和反社会行为。

因此，社会工作者应根据不同情况采用各种方法去积极干预这些心理上产生障碍的青少年。在介入过程中，社会工作者将秉持专业的价值观和理念，为来自不同家庭背景和生活经历的青少年提供无条件的接纳，让那些处于心理障碍困扰中的青少年感受到来自社会和专业人士的温暖，这有助于加强心理障碍青少年对社会工作者的信任感，更快地投入治疗，同时也有助于社会工作者行动方案和计划的顺利实施。社会工作者无条件接纳的原则也体现了社会工作者对心理障碍青少年问题介入的优势性和可行性。

三、知识理论层面

社会工作以心理学、社会学、人类学和管理学等学科为基础，汲取营养和精华，并在不断实践的基础上整合经验，提炼理论，不断丰富社会工作的理论知识，从而逐步建立起独特而专业的知识体系，涵盖基础理论和具体实务两个方面。在专业化发展过程中，社会工作逐渐形成了一套专门适用于社会问题解决的方法和技术。此外，社会工作者的人才培养模式和理念也在逐步演变，旨在将每一位社会工作者塑造成拥有一定知识技能和特长的专业人才，同时也要培养出具备全方位、多维度的知识和技能的多才多艺的通才。社会工作是一门实践性非常强的科学，它要求社会工作者不仅要有扎实的专业知识功底，还要有较好的综合能力和职业素养。社会工作者要掌握专业知识、技能、价值和工作原则，从而为各个领域的各种需求人群提供帮助和服务。

在青春期，大多数心理障碍青少年表现出叛逆、标新立异等行为，同时对新事物、新知识的接受速度较快。此外，这个年龄段的青少年普遍存在对长辈或权威人士如父母或老师的排斥感，除了同辈群体外，其他人群往往难以被青少年所接受，也难以建立起良好的沟通模式和互动关系，特别是在存在心理障碍的情况下。这是因为他们不知道自己是不是真的有病，更不会主动去找心理医生咨询，而是把希望寄托在周围人身上，认为别人是不了解自己的。

因此，要与那些存在心理障碍的青少年建立起一种信任关系，必须运用高超的技巧和方法，同时还需要具备一定的亲和力。如果青少年缺乏这种信任度的话，那么就无法有效地处理自己的心理问题。社会工作者具备独特的素质，例如他们通常掌握有关人类行为和社会环境的知识，了解青少年的心理特点，能够理解他们的个性和另类想法和行为，并运用同理心等技巧感受他们的感受。此外，社会工作者的多维度知识架构也能够应对青少年的多重问题，即使这些问题表现得非常复杂和无序，社会工作者仍然可以运用专业理论知识对其进行梳理和分析，找出青少年心理障碍产生的原因，并运用实务理论和技能对其进行全方位的干预。这就是社会工作介入青少年心理辅导的优势所在。

当然，对于心理障碍青少年问题的理论分析和实践干预，需要建立在丰富的知识理论基础之上，因此，从知识理论的角度来看，社会工作者介入该问题是具有一定可行性的。

四、视角方法层面

社会工作以独特的视角和方法介入心理障碍青少年问题，包括看待人、分析和介入问题等方面，进一步证明了其可行性。

（一）看待人的独特视角

社会工作与心理学的视角存在显著差异，在干预阶段，心理学主要使用"诊断"和"治疗"等术语，而社会工作则更倾向于使用"帮助"等词汇。那些非常注重面子的人往往会忽视或隐瞒"心理疾病"，因此他们会回避或排斥那些被定义为"心理上有问题的人"，这直接导致他们在寻求心理医生时感到不情愿、不自在、心理负担沉重。在社会工作中，被救助的人被视为具有"能力或潜力受限的人"，而非"问题人"，他们不再被称为"案主"，而是被视为"服务对象"，从而有效地减轻了救助者的心理负担和担忧。

有时候，青少年的行为表现出一些奇异的特征，如沉默寡言、孤僻、焦虑、社交恐惧等，这些表现可能会让他们的思想和行为变得难以理解，从而被贴上另类的标签，被视为"有问题的人"，而他人的指点、议论和歧视只会加剧他们的心理障碍程度，使其更加怀疑自己，甚至可能恶化问题。当他们被送到心理医生那里接受治疗时，他们也被视为心理上有问题的人。

因此，对于心理疾病的预防以及心理咨询中所涉及的相关理论，需要通过不同的方式来呈现出来。社会工作者以一种独特的视角看待心理障碍青少年，避免了使用"问题人"标签对他们造成的伤害，这有助于建立平等的专业关系，使心理障碍青少年能够毫无顾虑地倾诉自己的心理困惑，而无须承担任何心理负担。此外，由于社会工作者自身所具备的丰富社会经验以及良好的职业素养，使得社会工作能够更深入地关注到青少年的需求及内心体验。因其独特的视角，社会工作在介入心理障碍青少年问题上展现出了其可行性，这一点显而易见。

（二）分析和介入的独特视角

社会工作在分析问题和进行实务操作的时候，也秉持独特的视角，非常强调人类行为与社会环境之间的关系。社会工作的一些理论比如心理社会学派治疗理论、生态理论、系统理论等在分析问题时注重社会因素对案主问题的作用与影响。同时，在进行介入的过程中也注重整合案主的社会资源，运用案主的社会支持网络为案主服务。可以说，相对于心理学注重案主心理方面的分析来说，社会工作在分析和介入心理障碍问题时更注重案主心理与社会环境的互动或者说相互作用，从某种程度上说，这种视角显得更全面、更可靠。

鉴于心理障碍青少年所面临的问题和影响因素错综复杂，因此在问题的分析和解决过程中，必须全面、深入地进行，而社会工作则因其独特的优势而备受青睐。所以，我们要充分发挥社会工作者在心理咨询中的作用，帮助他们解决心理障碍问题，从而促进青少年身心的健康成长。

社会工作者在介入心理障碍的过程中，不会像心理学家那样片面地关注青少年的心理方面，而是以"生态系统理论"和视角为指导，从青少年个人、家庭、社区和社会环境等多个角度全面分析心理障碍形成的原因，注重青少年与社会环境的相互作用和互动关系，通过社会工作者的介入，使青少年与社会环境之间的关系变得协调，从而帮助青少年尽快走出心理困境，同时也增强了他们对社会资源的整合和运用能力，从而达到根治青少年心理障碍的目的。另外，由于社工自身所具备的专业素质以及工作方法，使得其能够更加有效地进行个案管理和小组管理，从而为青少年提供了良好的发展空间。因为其独特的视角，社会工作在介入心理障碍青少年问题上的可行性得到了充分的体现，从而使得问题的分析和介入变得更加深入和全面。

第三节 积极心理学视角下的青少年心理工作

一、积极心理学视角下青少年心理工作开展的意义

在积极心理学的视角下，实施青少年心理工作具有极其重要的意义，主要从三个方面展现出来。

首先，该工作的推进与和平的需求相契合，同时也满足了时代主题发展的迫切需求。心理学作为一门学科，其研究对象是人，而人又具有一定程度上的特殊性。当国家或民族陷入饥饿和战争的困境时，心理学的重要使命在于对抗和治愈心灵上的创伤。在战争结束后，心理学的重点就转移到了社会问题上来，即解决人类面临的各种心理冲突，帮助人们克服心理障碍和心理疾病。

其次，针对青少年心理健康教育的总体目标，从积极心理学的角度出发，实施青少年心理工作可以满足其多样化的需求。通过积极心理学理论分析，可将其作为指导学生思想政治教育与心理健康教育相结合的重要理论依据之一。从心理

健康教育的视角来看，其总体目标在于有效提升全体学生的心理素质，全面挖掘和发掘其潜能，培养其积极向上的心理品质，从而实现其健康人格的有效发展和形成，积极心理学的理念与之相契合。

最后，在传统的心理健康教育领域，存在一些挑战，但是采用积极心理学的视角来开展青少年心理工作，可以有效地满足他们的需求并加以解决。在传统的心理健康教育中，人性的恶作为其哲学基础，对于那些存在问题的学生和他们所面临的问题进行了充分的关注，这对于学生的成长和良好品质的形成产生了极为不利的影响。因此，积极心理学的思想为我们提供了一个新的视角来看待青少年心理问题。从积极心理学的角度来看，青少年健康教育的哲学基础在于人性的善，其主要目的在于有效地挖掘人类心理潜能，以培养和塑造其良好品质，从而为人们带来幸福的生活。该教育理念聚焦于青少年的成长问题，对其产生了极为积极的影响，从而推动了心理健康教育的规范化进程。

二、积极心理学视角下青少年心理工作路径

（一）增加积极体验

通过增加积极体验，我们可以有效地激发人性的积极力量，从而达到更好的效果。在当前社会发展过程中，越来越多的人开始重视自身心理方面的健康问题，尤其是青少年阶段，这一时期是一个人成长最为关键的时期，也是人生当中最需要关注的时段。因此，对他们处于不断变化的生活状态进行有效的处理，可以为他们提供有效的指导和支持，这对于他们的成长和发展至关重要。

从积极心理学的视角来看，随着经验和阅历的不断积累，我们的生活已经形成了一种积极的层面，即个人对过去的生活感到相对满意，同时对未来的生活充满了期待，实现了情感表达的拓展和延伸。在对青少年心理发展过程进行观察时，需要充分挖掘青少年内部潜在的积极因子。在琐碎的日常生活中，有效地提取积极元素，并将其融入个人的思想体系和价值观中，使其成为不可或缺的重要组成部分，从而对个体产生持久的积极影响，最终塑造出积极人格。将积极体验作为青少年心理健康教育的切入点，能够有效地激发人的积极力量，使其具备对抗人性消极面貌的能力，从而获得幸福生活。

1. 在一定程度上提高解决问题的能力，有效掌握幸福主控权

我们可以将这种积极情绪作为幸福感的一种表现形式来看待。因此，我们需要不断提升自身幸福感，让自己更加健康地成长与发展。从实际情况来看，愉悦的感受往往是短暂的。这就需要我们建立自身的幸福感，使之成为一种动力和源泉，让人不断产生出内心的满足感，从而达到一种新的平衡，获得更高的发展空间。研究表明，真正带来幸福的并非功名利禄，而在于内在的力量，同时，人们的问题解决能力也扮演着至关重要的角色，从而使他们掌握了幸福的主导权。

在此基础上，将积极心理学应用到心理健康教育领域，以此来培养青少年良好心理素质，从而促使其更加健康地成长发展。在具体的教育过程中，我们应该特别关注青少年的情感需求，并为他们提供相应的支持，以解决他们精神上的困惑。为了更好地满足青少年的价值观和个性化需求，我们需要给予他们足够的关注和尊重，从而提高他们解决问题的能力，并让他们获得更多积极的体验。从积极心理学的视角来看，通过实施积极引导，使学生能够有效地解决和处理现实问题，从而推动其积极人格的塑造。

2. 对合理归因进行有效引导，实现积极思维模式的培养

在人们处理困惑的过程中，寻找事物的根源，是表达情感的最直接方式，尤其是在面对困境时更是如此。

乐观型解释方式会将自身与外部世界联系起来，而悲观型解释方式则认为自己是消极的个体，这种认知倾向也就成为一种消极情绪，进而导致他们解决问题的能力下降。乐观型和悲观型的解释方式存在显著差异，且二者均呈现出独特的表现形式。

因此，对于青少年来说，挫折是不可避免的。在面对困境时，个体通常缺乏相应的思考，其思维模式在大脑中固有，会自动激活。当个体采用乐观型解释风格时，他们更容易获得积极的体验，反之则会产生消极的体验。通过分析挫折与正向情感之间关系发现，挫折能够促进正向情感的形成。因此，学校应当积极发挥自身的引导作用，引导青少年正确地进行归因，以促进其全面发展。要想让他们能够正确对待挫折，学校就必须从正面出发，帮助他们树立自信，从而形成良好的性格。一方面，我们需要让青少年认识到挫折的短暂性，同时也需要认识到挫折所具有的一定的限制性。通过对学生的心理辅导，帮助他们认识到成功的意

义，提高自己的自信心。另一方面，为了让青少年在学习和生活中始终保持积极的心态，我们需要全方位地培养他们的阳光心态，让他们全身心地投入其中。

3. 将积极人格的塑造作为重要归宿，全面开展心理健康教育

在日常工作中，我们应该注重培养青少年良好的心理素质，让其拥有一个健康向上的心态，能够更加积极主动地面对各种压力和挑战。从积极心理学的视角来看，我们都是具有一定社会意义的人，拥有一定的能力，可以通过自己的努力，有效地解决和处理相关实际问题，从而展现出个人的能力。学校需要加强对于学生的培养，帮助他们建立起健全的心理素质，通过运用相关措施和手段，使青少年深信自身的努力是解决问题的关键所在，这一任务的重要性不言而喻。

在教育工作开展的过程当中，教师应该注重与学生之间良好关系的建立以及互动。教师可以充分发挥自身的指导作用，帮助青少年有效地解决内心的疑虑和问题。对于这一问题，教师需要从内因与外因两个方面出发，促使青少年认识到自身存在的心理问题，进而提高其自信心和自我控制能力，使他们能够主动面对生活。教师在与青少年进行交流和沟通的过程中，全面了解和掌握其实际心理状态，并将其作为研究的核心，以实现个性化的处理方式。在考虑到多种外部因素的影响后，我们应该从青少年的内心角度出发，采取有效的措施来培养和塑造他们积极的人格。

（二）培养积极的人格

通过积极培养和塑造人格，激发青少年内在的潜能，实现其全面发展。积极心理学主要通过对人类心理状态以及行为规律等方面展开深入探究，进而不断提升个人综合素质水平，促进身心健康成长。在积极心理学领域，对于积极人格所具备的特质进行了全面深入的研究，得出结论：它将个体视为至关重要的支柱，以解决现实问题为目标，同时在实践过程中不断深化和完善。积极心理学为我国心理健康教育工作提供了全新思路。积极心理学的研究重点在于探究积极人格的特征，只有通过全面的培养和发展，才能逐渐减轻或消除痛苦，提高人们对生活的满意度，从而获得幸福。

在青少年心理健康教育领域，通过积极的人格塑造，有效地培养青少年的健康人格，从而实现该目标。对于这一问题，需要将积极心理学理念融入当前的青少年心理发展之中，才能够更好地促进其健康成长。积极心理学的使命在于促进

青少年健康人格的塑造和培养，同时高度重视个体潜能的挖掘和开发。积极人格能够为人提供一种更加健全的心态，使其拥有良好的心理状态，进而促进个人全面发展。在塑造积极人格的过程中，青少年能够获得愉悦的体验，从而深入挖掘自身的潜能。

从某种程度上来说，积极人格的塑造过程也涉及个体品质的优化。每个人都具有不同程度的人格特质和个性优势。每个人的人格都包含着积极和消极两个方面，因此我们需要通过学习掌握如何保留积极面并排除消极面的技巧。对于大学生而言，可以采用积极心理学来帮助他们更好地完善自身人格，从而达到良好的效果。积极面的保留主要在于挑选出那些具备卓越人格特质的个体，并将其视为实现自身目标的关键所在。在积极心理学的研究中，揭示了人类积极人格品质的多样性，涵盖了24种不同的类型。其中最重要的就是乐观、坚韧、善良等品质。因此，我们应该将这些卓越的品质作为我们培养和塑造的目标，同时采取有效措施来压制自身的消极人格。

（三）营造积极的文化氛围

我们应该以积极文化为核心，注重营造氛围，有效引导价值归属，同时也要加强对青少年学生心理问题的预防以及疏导工作，帮助他们建立健康向上的价值观体系。

教育工作者必须持有一种积极向上的态度。教师具有良好的师德可以让自己受到更多的尊重，能够得到更高的评价。教师的言行举止对青少年的成长和发展有着至关重要的影响，良好的师德也能帮助教师获得更多的社会声誉。因此，当教师展现出积极的职业和生活态度时，必然会感染学生，并将这些积极品质传递给他们。教师可以通过各种途径加强自身修养，从而提升自己的专业素养，并提高自身的人格魅力，为培养优秀人才打下坚实的基础。因此，为了保证课堂教学能够顺利展开，教师应该采取科学的方法来激发学生学习兴趣。同时，教师还需对所采用的教学手段和模式进行深入挖掘和拓展，以达到更为有效的教学效果。此外，在进行教学时，教师应以青少年的心理特征为重要依据，实施个性化教育，针对青少年出现的心理问题和困惑，积极引导并提供有针对性的解决方案。

在校园内，精心打造宜人的环境氛围，可以促进学生的身心健康和全面发展。

良好的校园氛围不仅有利于提升学生学习质量和效率，还能够让他们身心愉悦地融入校园生活之中。对于青少年而言，一个宜人、轻松的校园环境对他们的内心世界产生了深远的影响，能够促进学生身心健康成长。在校园文化方面，校园环境不仅是学校的外在体现，更是学校发展程度的重要衡量标准。研究表明，校园环境在塑造青少年个体的心理状态方面扮演着至关重要的角色，为他们提供了重要的支持和帮助。

从社会工作的角度来看，建立积极的价值观是一项至关重要的任务。在这一阶段，青少年还没有形成正确的价值观念。青少年具有可塑性，然而，这其中也存在着一些不稳定的因素。因此，为了更好地提升青少年的综合素质，就必须重视青少年自身价值的树立与培养，并以此来带动整个群体的进步。青少年时期正是人生观、世界观以及价值观初步树立的阶段。在社会中，我们应该倡导一种价值观，即每个人都有成功的可能性，每个人都是有潜力的人才。同时，我们应该为青少年提供一个展示才华的平台，并传递这种观念，促进他们全面的发展。社会工作人员应该积极引导青少年树立正确的人格观念，培养他们积极向上、充满希望的心态。

从家庭的视角来看，创造一种有益于人际交往的氛围是至关重要的。为了满足情感交流和沟通的需求，社会人需要创造一种和谐的人际氛围，这种氛围不仅在实际生活和工作中得到了体现，而且对于积极人格的培养和塑造也具有重要作用。在构建和谐社会的今天，应该充分重视和谐家庭的建设。对于青少年而言，家庭不仅是他们心灵的避风港，更是社会支持系统中不可或缺的重要组成部分，为他们带来幸福和快乐。作为家庭中的一分子，需要学会自我实现，给予家庭成员足够的尊重和关爱，为和谐家庭的建设作出自己的贡献。

通过上述分析发现，积极心理学能够为青少年心理健康提供良好保障。通过开展积极心理学教学，能够让学生树立起正确的人生观、价值观以及世界观。

第六章
青少年的权益保护研究

本章为青少年的权益保护研究,主要从当前青少年权益保护的发展现状、青少年权益保护工作的路径两个方面展开研究。

第一节 当前青少年权益保护的发展现状

在党和政府的高度重视和大力支持下，在有关部门的密切合作和共同努力下，在共青团组织的具体协调下，我国青少年权益保护工作取得了新的发展。

一、我国青少年权益保护工作的新发展

（一）法律体系趋于完善

2017年实施的《民法总则》构建了完整的民事权利体系，强化对个人信息、数据和网络虚拟财产的保护，加强保障青少年的民事权，加大了对未成年人权利的保护力度，尤其是关于自然人限制民事行为能力年龄下限标准降低、监护人资格的撤销和恢复、性侵未成年人诉讼时效等条款的规定，更有利于保护未成年人的合法权益。

（二）工作模式不断创新

青少年维权模式不断建立健全，具体包括法治化维权、组织化维权和社会化维权。

1. 法治化维权

青少年权益保护的法律法规和政策体系不断完善。伴随着法治国家建设的进程，形成了以《宪法》为核心，以《刑法》《刑事诉讼法》《民法总则》《婚姻法》等基本法律和《预防未成年人犯罪法》《未成年人保护法》《义务教育法》《收养法》等专门法律作为重要内容的青少年权益保护的法律体系。2013年，共青团中央联合相关部委颁布了《关于进一步建立和完善办理未成年人刑事案件配套工作体系的若干意见》。2016年，中办、国办印发了《关于进一步加强青少年违法犯罪预防工作的意见》。

2. 组织化维权

我国应充分发挥各级预防青少年违法犯罪专项组和未成年人保护工作机构的

作用，协商促成青少年的权益保护和犯罪预防工作的进行；利用"共青团与人大代表、政协委员面对面"的实践项目，聆听和反映青少年的利益请求。

3. 社会化维权

我国应依靠专业力量建设 12355 青少年服务台，为青少年提供心理、法律、自我保护、家庭教育等服务；培养一批青年社会工作者，加强青年维权网络平台建设，对涉及青年维权的典型案例和热点事件作出快速反应。

二、我国青少年生存权保护的发展进步

（一）生存权保护的法律日趋完善

青少年拥有的首要权利是生存权，包含着生命权、健康权和基本生活保障权。2012 年，我国制定《精神卫生法》，规范心理咨询和治疗，促进青少年心理健康。2015 年，我国修改《食品安全法》，加强食品安全源头管理，对可能危害身体健康的食品实现召回制度，规定对婴幼儿配方乳品实行注册制，不得以分装方式生产婴幼儿配方乳粉。2016 年，我国制定《中医药法》，发展中医药预防、保健服务，形成覆盖城乡的全民健身公共服务体系，保障青少年的健康权利。2016 年，我国修改《职业病防治法》，制定职业安全健康指标，坚持以预防为主、防治结合的方针防治职业病。

（二）生存权保护力度明显加大

保护青少年生命健康权是重要的国家利益。随着经济的发展，青少年的生活质量有了大幅提升，青少年生存权得到较好的保障。未成年人的生命质量不断提高，死亡率逐年下降。

青少年的体质健康水平呈上升趋势。青少年体质状况改善。青少年生长发育水平快速提升，身高体重都有明显提高。我国全面执行关于学生身体健康的国家标准；设置合理的学习时间、休息时间和娱乐时间，保证他们的睡眠时间和每天一个小时的校园体育活动；为学生提供学校体育设施，让他们下课后和假期时也可以进行体育运动；改进和实施学生体检健康监测系统，为学生的身体健康做准备，成立学生体质健康档案。

青少年的预防保健和健康教育进一步加强,具体表现为以下几个方面:

第一,建立学生健康档案和突发公共卫生事件应急预案学校的比例逐年增加。

第二,绝大多数学校将健康教育纳入年度教学计划。2012年绝大多数的学校开设了健康教育课。

第三,流动青少年得到均等化的健康教育。国家启动实施流动人口健康教育和促进行动计划,开展新市民健康城市行活动,广泛传播流动人口健康教育核心信息,以健康教育和促进为内容,促进基本公共卫生和计划生育服务落实。

第四,阳光体育运动促进青少年改善体质。2006年,教育部、国家体育总局、共青团中央联合下发了《关于开展全国亿万学生阳光体育运动的决定》。2012年,国务院办公厅对教育部等部门发布的《关于进一步加强学校体育工作若干意见的通知》进行转发,深入开展阳光体育运动,加大对学校体育的投入和加强体育师资队伍建设,实施以"体育健康"课程为中心的体育教学改革,开展"阳光体育运动""一校一品""科学健身进校园"等体育活动。

三、我国青少年发展权保护的进步

(一)青少年受教育权的保护

1.受教育权法律保护的完善

2015年,我国修改《教育法》,促进教育公平,推动教育均衡发展,为少数民族学生实施双语教育提供保障。2016年,教育部、民政部、共青团中央等九部委制定《关于进一步推进社区教育发展的意见》,明确社区教育对提升青少年教育水平的重要意义。《民办教育促进法》在2016年修订。2017年国务院出台了《关于鼓励社会力量兴办教育促进民办教育健康发展的若干意见》,进一步鼓励和规范民办教育。为加强对流动未成年人、残疾未成年人、未成年犯等特殊未成年人群体受教育权的保护,我国于2013年修改《监狱法》,明确监狱应当为未成年犯接受义务教育提供必要的条件;2017年修改《残疾人教育条例》,明确提出优先发展融合教育,保障残疾青少年平等的受教育权,禁止任何基于残疾的教育歧视。

2.受教育权保护的发展

教育经费逐年大幅提升。义务教育全面覆盖。高中教育水平迅速提高,高中教育覆盖率逐年提高。增加对高等教育的投资，提高高等教育的普及率。继续加大发展教育、在线远程教育和民办教育，多途径保障青少年受教育权。关注弱势群体，促进教育公平。青少年法治教育进一步加强。

（二）青年劳动权的保护

1. 劳动权的法律保护不断完善

我国 2013 年修改《劳动合同法》，细化劳务派遣制度，强调同工同酬；2015 年修正《就业促进法》，明确了成立职业中介机构的要求，具体内容是在工商行政管理部门办理登记后，可以在劳动行政部门申请行政许可，对职业中介机构进行统一管理，有助于改变中介机构的混乱情况，保护青年在求职就业过程中免遭欺骗或侵害；修改《安全生产法》《职业病防治法》，保障劳动者的合法权益。2012 年，国务院发布《女职工劳动保护特别规定》，确定了对女职工在特殊期间的保护。2016 年，人社部、教育部制定《关于实施高校毕业生就业创业、促进计划的通知》，实施能力提升、创业引领、校园精准服务、就业帮扶和权益保护，促进高校毕业生就业创业。

2. 青年就业创业服务不断加强

我国为年轻人提供职业培训，重点解决结构性就业冲突，激励创业促进就业，给予全面的公共就业服务，推动大学毕业生等年轻群体、农民工多途径就业创业。每年国务院办公厅针对全国普通高等学校毕业生就业工作下发通知，设立网络招聘主会场，各省级教育、人社部门分别设立分会场，保障青年的就业权。在推动高校毕业生就业创业、促进中小企业创新发展方面，工信部发布相关通知，创建各类高校毕业生信息库，做好高校毕业生创业就业对接工作。对于未就业的高校毕业生，人社部、教育部发布了政策文件、加强对离校未就业高校毕业生的后续跟踪管理，为离校未就业高校毕业生提供就业服务。

3. 共青团采取多种措施促进就业

我国积极推进青年就业创业见习基地建设，推动城市青年创业小额贷款项目。共青团促进农村青年就业创业，帮助农村创业青年获得小额贷款、培训农村青年、落实培训经费、落实培训机构。

第二节 青少年权益保护工作的路径

一、增强家庭保护观念

越来越多的家庭更新了家庭教育的理念,加大了对孩子的品德投资,努力让孩子实现自我价值与社会价值的统一,在教育孩子的方式方法上,逐渐改变陈旧的家庭教育观念,采用和平民主的方式,让孩子在一个和谐的氛围内发展自我。

二、规范学校保护

第一,加强教学管理,努力提高教学质量,全面协助家长进行青少年的教育。学校应注重与家长之间的沟通互动,多方了解青少年身心情况,给予他们更多的关爱。学校给家长们传授一些科学有效的教育方法,为家长们教育孩子提供帮助。

第二,完善安全保护措施。学校对教育教学工作的各个环节提出安全要求,对校内安全防范重点环节和重点区域加强管理,预防和消除教育教学环境中存在的安全隐患。

第三,加强对学生的法制与道德教育,以预防未成年人的违法行为。学校与公检法等职能部门密切配合,加强对学生的法律法规教育,并以班会、课堂等多种形式教育学生,要遵纪守法、珍惜生命、尊重他人,同学之间要互谅互让、互敬互爱,遇事不冲动。学校要充分发挥法治副校长的重要作用,保证其每年至少到校做四次有针对性的法治报告。

三、落实政府保护

(一)落实国家兜底的监护制度

2016年11月,民政部、原中央综治办、最高人民法院等八部委共同开展了农村留守儿童"合力监护、相伴成长"关爱保护专项行动。至2017年11月中旬,相关部门协助全国各地无人陪伴的农村儿童落实监护责任人,对17.78万名无户籍儿童进行登记,帮助1.6万名农村儿童重返校园,对9万余名家长进行批评教育。282人根据《治安管理处罚法》受到处罚，16名父母被依法追究刑事责任，17名父母的监护权被依法撤销。[①]

（二）专门性保护平台增多

第一，12355青少年服务台。2004年团中央权益部专门为青少年开通了12355的热线服务电话，后被称为12355青少年服务台。到目前为止，全国共青团组织已经建立近300个服务台，目的是充分了解青少年的思想动态与现实需求，及时为青少年及其家长提供心理咨询、法律援助及家庭教育服务，引导青少年依法反映诉求、表达意愿。另外，多措并举地加快改进服务模式，现已基本形成了以心理咨询与法律服务为核心、多主体参与、线上与线下活动相结合的综合工作格局，帮助青少年解决实际困难及问题，促进其健康成长。

第二，探索新型未成年人社会保护制度。为了切实解决未成年人的生存困难、监护困境以及成长障碍等问题，民政部确定开展试点工作。2014年，广州市番禺区大力加强硬件建设，在借鉴先进经验基础上不断创新，形成了救助及时、流程准确、救助范围广等有特色的困境未成年人保护模式；2015年，山东省武城县采用互联网技术，创建了未成年人权益保护检察监督信息平台，集信息的收集、分流、反馈及监督于一体，充分履行检察监督职能，使未成年人权益保护监管体系日臻完善，这有利于对未成年人实行全面保护。

第三，推进少年法庭建设。少年法庭从1984年开始创设、探索，1989—1993年进入推广、普及阶段，1994—2003年逐渐巩固、规范，2004年至今进入深化改革、健全完善的阶段。

第四，组织体系日益健全，专业队伍不断壮大。当前，我国已初步形成未成年人检察工作体系。有些公安机关依照法定程序成立专门办理未成年人案件的部门或办案组，如北京海淀、广西钦州、江苏淮安、上海等地的公安机关。在刑罚执行方面，除了设有专门的未成年犯管教所外，有些地方还设立了未成年人社区矫正机构。

---

① 刘勋.监护是困境儿童权利的"保护伞"[J].人民法治，2017（12）：1.

四、完善社会保护

第一,成长环境得以改善。随着学校内外安全设施的不断优化、安全教育活动的大力开展,青少年的成长环境大为改善。如各省围绕"维护青少年合法权益,保障青少年健康成长"这一主题,通过开展丰富多彩的活动,使用行之有效的方法,用力普及《宪法》《刑法》《未成年人保护法》《预防未成年人犯罪法》《道路交通安全法》《消防法》《侵权责任法》等法律知识,努力培养青少年的爱国意识、公民意识、自我保护意识,培育和养成尊重宪法、维护法律权威的法治信仰和法治思维。另外,我国儿童医疗卫生服务体系日益完善,也为青少年健康成长提供了有力保障,这主要得益于我国近年来注重加强儿童医院建设。

第二,生活环境持续优化。国家持续加大环境保护力度,为青少年的成长、成才提供了充分的环境保障。

五、提升青少年教育的水平

提高国民素质、促进青少年发展的根本方法是教育,受教育权是宪法赋予每个公民的权利,保障青少年受教育权是国家人力资本投资的重要举措,是个人发展、家庭幸福的重要保障。党和国家高度重视青少年教育工作。

《国家中长期教育改革和发展规划纲要(2010—2020年)》,强调优先发展教育,增强教育现代化建设才能满足人民群众接受良好教育的目标。党的十八大以来,党和政府更加重视教育在国家发展中的战略地位,开展一系列重大教育改革、出台了具体的政策措施和教育促进方案,为国家的经济转型、科技创新、民生改善、社会和谐、人才培养和文化繁荣,提供了巨大的教育红利。

我国坚持多方位缩小教育差距以推进教育公平。教育公平是社会公平的重要基础,也是实现教育现代化的关键环节,一直都是社会各界关注的焦点。党的十八大以来,党中央、国务院大力推进教育公平,为社会弱势青少年群体平等接受优质教育,从教育制度、教育机会、教育质量等方面出台了一系列政策举措,取得了显著的成效,推动教育区域公平、城乡均衡发展。国家对农村贫困地区、少数民族地区的资金投资持续增加。从地区的布局来看,财政性教育经费一半以上用于中西部。

第七章
青少年的社会福利政策

做好青少年社会工作的重要基础和前提是了解青少年社会福利政策的基础知识。本章为青少年的社会福利政策，分为三部分内容，分别是青少年的社会福利政策综述、国内青少年的社会福利政策和国外青少年的社会福利政策。

第一节 青少年的社会福利政策综述

一、青少年社会福利政策概述

狭义的青年福利指的是由特定机构向特定青年群体提供的一种特定形式的服务。获得福利的只是部分年轻人，给予的福利服务的内容和数量也是有限的。这种狭义的青少年福利在青少年福利发展的初级阶段比较常见。随着社会的发展以及福利服务的进步，这种狭义的青少年福利最终要被广义的青少年福利所替代，"青年福利"的概念应扩展到广泛和发展的取向，包括需要的特定文化教育、维持健康、就业、适当的生活条件、国有化背景下的社会保障条件，世界各国政府都对青少年问题给予了高度重视，各国的青少年福利政策得到了很快的发展。

总之，青年社会福利政策是国家（包括地方）或政党制定的一套指导原则和行动指南，目的是促进青年发展，使他们能够独立和更好地适应社会发展。

二、青少年社会福利政策的类型

依据政策的目标，青少年社会福利政策可分成补救性、预防性与发展性三种类型，三者各有不同的强调与着重点。补救性政策是针对已发生的问题予以解决，或者排除有碍于个人或社会健康发展的障碍，在这一类型的政策中，青少年本身是受惠者；预防性政策是为满足青少年一般普及性的需要，防范不良问题的出现，建立有利于他们健康成长的基础；而发展性政策具有前瞻未来、提高素质及鼓励承担等方面的特点，在这一类型的政策中，青少年不仅是受惠者，也是推动者。事实上，这三种类型在各国青少年社会福利政策体系中往往同时存在，并且互相不排斥。

三、青少年社会福利政策的发展趋势与挑战

（一）发展趋势

当代国际社会对青年问题的看法比过去发展得更深、更广泛、更具体。青少年政策是国家政策中的重要部分。其明显的表现是，在关注和理解与青少年生存和发展密切相关的两个基本社会问题方面，重点从"教化与控制问题"转向了"福利照顾问题"。换言之，年轻人要理解和审视他们在不利的社会环境中的独特性，而不是他们个人行为的不稳定、不成熟和消极意图。

现代社会的普通成员在公认的福祉和社会权利概念的基础上满足的需求，都应该是年轻人的合法福利需求。这要求对年轻人的法律社会援助和照顾不应限于小群体，即那些真正特别困难的个人，如果没有国家、社会或集体的支持，他们就无法生存。我们也不认为，针对年轻人的国家特殊护理政策和社会措施只会起到事后补救的作用，也就是说，只有当年轻人出现真正的问题时，它们才会起到消极的补救作用。基于这一新的认识，国家与青年相关的福利政策变得"更加积极"和"扩大"，更加全面地关注所有青年的高满意度和充分发展程度，目的不仅是采取消极的纠正措施，而且是积极促进青年的成长和个人价值的实现。人们对青年问题和相关政策的理解的发展和变化源于一个简单的社会学原则：年轻人往往不能充分满足自己的需求，因此他们容易出现行为问题，导致违反或扰乱社会秩序。要想教化他们，他们首先必须得到照顾和满足。在他们的合理需求得到满足后，政府应该从服务的角度出发，为年轻人服务，这是社会的要求。

年轻人的社会福利政策重点包括教育、指导、社会福利服务和照顾。可以看出，我们越来越需要一项针对年轻人的社会政策，并将其视为一项积极主动、以福利为导向的、以年轻人需求为中心、以人为本的社会政策。

（二）成果显著

与国际社会青年政策的变化相比，中国目前制定并公布了大量的青年社会政策，取得了显著的成果。我们应审视现有的各种青年社会政策，基于对政策的执行情况和作用的科学客观评估，为青年制定新的、适当的社会福利政策，以应对新的情况和问题，使有关年轻人的不同社会政策制度化和合理化。

第二节 国外青少年的社会福利政策

本部分将选取世界各国及地区的青少年政策中较具特色的予以简介，作为我们进行青少年福利政策制定和福利行政开展的参考。

一、法国

为了维护及明确公民的自身权利和应尽的义务，法国在学校基础教育中教导青少年具有公民意识，使其增加关于宪法及关于公共事业、国防和税收制度方面的知识，也将学习层次提升至不同国家间的文化认同及公民权议题。

从20世纪后半期开始，法国年轻人非常积极地参与反对战争、恐怖主义、饥饿和种族主义的运动。参与保护环境、解除武装、捍卫和平和人权的组织和运动是法国年轻人参与政治或展示公民身份的另一种方式。为了使法国青少年懂得保护自己的公民权益、肯定自身价值、坚持共和思想、表现民族精神等公民特征，除了原本历史脉络中社会价值观影响外，政府的公民教育与青少年事务政策是主要的影响要素。法国学校教育基础阶段的公民教育，曾在1977年被取消。因为当时教育的首要目的在于培养自由的公民，自由为最重要价值，当时法国希望每一位青少年能够有摆脱教师约束的独立精神，培养完全自由地作出自己选择的能力。但忽视公民教育却造成了大量的社会问题，贪污腐败、贫困等问题层出不穷。因此，进入20世纪80年代后，公民教育又回归学校基础教育，政府制定了一系列强调自治和参与的政策，保障公民教育能正常进行。

值得一提的是法国青少年的公民养成教育。随着全球化时代的到来，为了抵抗其他国家的文化入侵，法国积极倡导弘扬其自身文化，将民族精神与公民思想列为中小学基础公民教育项目，加强青少年对本土文化的认识与重视，建立权利与义务均衡发展的公民价值观。在法国政府网络建构串联下，青少年在其中可主动且直接地接收各种关于公民权利与义务的信息，并达到社会参与的目的。以青年信息中心联络网为例，联络网除了包含全国信息中心外，还有以23个地区中心为辅的联结，以及8个设在首都巴黎地区的副中心，更有多个海外联结网络。这些青年信息中心同时提供各种有关青少年政策的数据、青少年活动的组织、青少年休闲与运动等身心培育计划,让法国年轻人可自信地选择与主动地了解关于自身的事务。

二、瑞典

瑞典社会福利制度起源于19世纪中叶,瑞典颁布的《济贫法》明确规定,穷人有权利接受社会救助,国家也有义务提供该项救助。这是瑞典社会保障制度形成并实施的最初阶段。这一阶段,瑞典进行了以下议题的讨论并出台了一些政策:1913年通过了《全国养老金》法案,法案规定对全国的老年人和丧失工作能力者提供社会保障;第一次世界大战前,议会就是否实行失业保险、医疗保险等制度进行过辩论;1918年通过实施了《工伤事故保险法》;1919年通过了8小时工作制的规定。但是自第一次世界大战爆发后,政府便无暇顾及社会福利,致使社会福利制度和政策在此期间并没有取得任何成就。直到20世纪30年代,随着社会民主党的上台,"人民之家"计划被提出,即人们可把社会视为自己的家,社会在就业、医疗、养老等方面满足他们的需求。在此基础上,社会民主党提出在年金、社会救助、医疗保健和教育等方面的一系列激进的改革方案,以社会保险为主干的社会保障制度便基本形成。到20世纪40年代,受《贝弗里奇报告》的影响,瑞典在五年间先后进行了广泛的社会福利方面的改革,颁布了有关子女补助、医疗保健服务、教育补助等新的法规,20世纪30年代提出的各种福利计划也都相继实施。因此,这一时期被称为大改革时期。此后,瑞典在社会福利制度方面不断探索,现在已成为世界上社会福利最高的国家之一。

瑞典的社会福利制度和政策主要有四个特点:起源早、范围广、涵盖度高、保障力强。在19世纪中叶,瑞典的社会福利制度开始形成,在探索过程中,社会福利制度和政策逐渐完备,基本上为国民提供了"从摇篮到坟墓"的全面保障。儿童和青少年福利是瑞典社会福利的重要组成部分,瑞典为儿童和青少年制定的福利制度十分用心,计划形式丰富多样,包含内容广泛全面,使得瑞典成为享誉世界的"儿童乐园"。

瑞典为青少年提供的福利主要包括以下几个方面:在教育上,从小学到高中,公立学校免除学杂费和书本费,居住在远离学校的学生也可以享受交通补贴。还有,学校还提供免费午餐。在医疗保健方面,只要定期交健康保险就可以享受免费医疗，包括免除住院费、医疗费和病假福利；在就业方面，所有参加工人培训或参加成人教育的工人和参与军事和民防训练的公民都有权获得工人培训补助、成人培训补助和军事培训补助。还有，如果青少年失业，他们的失业期超过300天，没有参加失业保险的工人有资格领取失业救济金。年满20周岁的失业人员，每日可领320克朗的基本失业保险金；在社会救助与社会保障上，公民从出生到16岁都有权获得儿童津贴，每个儿童有权获得约4800克朗的津贴，至少有三个孩子的家庭也可以获得儿童津贴。18岁以下失去父母一方或双方的人有权领取儿童年金，同时仍有权获得其他补偿和福利。如果青少年的父母因工作而丧失工作能力，他们的父母将获得终身残疾抚恤金除了为因工作事故死亡的人提供丧葬津贴外，其未成年儿童还可以获得19岁以下的遗属补贴。

三、加拿大

就业、学业和小区环境为加拿大青少年服务的主要工作领域。加拿大联邦政府通过推动青少年相关就业服务实习训练计划，提供青少年劳动参与机会，使其有充分的就业前的准备，以降低失业率。

加拿大联邦政府于1997年2月开始推行"青少年就业策略"，由加拿大人力资源发展部主导，协调不同部门进行多种职业训练，提供针对不同教育程度青少年的就业机会。加拿大文化遗产部所开展的青少年工作则是联合小区和企业团体，提供学生以暑假工读机会和大专毕业生实习机会。加拿大国际发展代理处通过开展国际青少年实习计划，给予青少年国际性的实习机会，此计划拨款给每一个愿意提供国际性实习机会及有能力管理的非政府组织，以分担训练刚毕业学生的筹备费用或保险金等成本。加拿大环境部则给国内30岁以下、大专毕业和对环保领域有兴趣的年轻人提供国际性的实习参与机会。此外，加拿大国外事务和国际贸易部开展的青少年国际实习计划则专门针对的是辍学、失业或未充分就业的青少年，让他们获得工作经验，不仅参与国际活动，同时也促进树立加拿大外交上的形象。

可见，近些年各国及地区政府都越来越重视青少年社会福利工作的开展，不断完善青少年社会福利政策体系，提高青少年社会福利水平。但是，受不同社会福利传统和青少年不同特点的影响，各国的青少年社会福利政策也呈现出不同的特点。欧美等国的青少年社会福利体系与亚洲国家和地区相比更为完整和全面，他们更强调青少年社会参与权的保护。

第三节　国内青少年的社会福利政策

一、我国社会福利与青少年社会福利政策

在古代，自然灾害频发、战争频起，人们的生存环境极其恶劣，导致社会经常出现剧烈动荡。随着社会的不断进步与发展，一些开明的君主与思想家基于实践经验的积累逐步萌发了安民抚民的思想与行动，构成了最初的社会救助与社会福利的思想与实践。

虽然我国自古以来就有救危济困的传统，但是在中国古代没有完整的青少年概念。当然，这并不是说我国不具有青少年福利的思想，《易经》中有"蒙以养正"的育幼思想，《周礼》中的"慈幼"被列为保息六政之首，表明当时青少年福利已颇受重视。此外，还有一些青少年福利性质的政策与社会福利机构和实施机制，如汉代的《胎养令》、南北朝时期的"孤独园"等。从春秋战国时期，就有实际的青少年福利工作和机构人员设置。1915 年，政府曾制定过关于教养游民和感化不良少年的《游民习艺所章程》，民间在这一时期也成立了许多慈善团体，如北京的利济养济院、贫儿院、普济教养工厂等。中华人民共和国成立以后，政府更加重视青少年的成长与发展，出台了许多与青少年社会福利相关的保护政策。

二、我国青少年社会福利政策的内容

中华人民共和国成立以后，政府重视青少年的成长与发展。2017 年颁布的《中长期青年发展规划（2016—2025 年）》提出到 2020 年，中国初步形成了具有中国特色的青年发展政策体系和运行机制，进一步提高了青年的思想政治素质和综合发展水平，在全面建成小康社会的优秀实践中发挥了全新的力量和重要作用。在 2025 年的时候，中国青年发展政策体系和特色运行机制会更一步地优化，许多青年的思想政治素养和综合发展水平将显著提高。他们不断成长为一支宏图大志、品学兼优、敢于摸索的生力军，为实现中国人民的伟大复兴和中国梦承担着重要

的历史责任。为了促进青少年的发展,国家将会越来越重视青少年的社会福利。在此规划提出之前,我国已经在青少年的健康、教育、就业、司法保护和社会保障等领域出台了一系列的社会福利政策。

(一)青少年身心健康保护政策

青少年的身心健康直接影响着青少年的成长与发展。《中国儿童发展纲要》指出,中国儿童健康发展的总体目标是:遵循"儿童优先"原则,维护儿童的生存权、发展权、受保护权和参与权,儿童整体素质要增强,维护儿童身心健康。儿童健康的标准在发展中国家处于先进水平。在基本普及九年义务教育的基础上,儿童教育在大中城市和经济发达地区逐步普及高中教育,有关儿童的法律法规要不断优化,依法保护儿童权益;优化儿童成长环境,为有需要的儿童提供特殊保护,中国青少年的社会福利与儿童福利从根本上是一致的。

我国与青少年身心健康相关的政策及法规主要有《全民健身计划纲要》《保护学生视力工作实施方法》《中华人民共和国未成年人保护法》《中小学生健康教育基本要求》《关于加强中小学心理健康教育的若干意见》《教育部关于加强普通高等学校大学生心理健康教育工作的意见》《中共中央国务院关于加强青少年体育增强青少年体质的意见》《关于创造良好社会教育环境保护中小学生健康成长的若干意见》等。其中《中华人民共和国未成年人保护法》表明,未成年人保护应该包括家庭保护、学校保护、社会保护。我国的青少年福利政策也是从这三个方面对青少年的身心健康提供保护。

(二)青少年教育保护政策

青少年教育影响到我国未来人口的素质水平,因此我国特别重视青少年教育。青年教育政策主要内容有着基础教育政策、高等教育政策、成人职业教育政策和民办教育政策。基础教育政策中与青少年相关的主要有义务教育政策和普通高中教育政策。我国于1986年颁布了《中华人民共和国义务教育法》,此后又经过几次修改,此法主要是保障适龄儿童、青少年接受义务教育的权利。在义务教育期间,政府为年轻人制定了政策,如《2000—2005年青少年学生课外活动建设和发展国家计划》《关于加强青少年学生课外活动建设和管理的沟通》《关于合理组织中小学生课外生活、加强中小学生安全保护的沟通》,以确保他们的课外活动得到实施，促使青少年能够做到劳逸结合。针对高中教育阶段，国家出台了《关于大力办好普通高级中学阶段教育事业的若干意见》和《关于积极推进高中阶段教育事业发展的若干意见》，目的是保障青少年能够接受良好的高中教育。

（三）青少年劳动就业保护政策

中国的劳动法主要包括《中华人民共和国劳动法》《中华人民共和国矿山安全法》《中华人民共和国职业教育法》。劳动部或劳动部会同有关部门（现为人力资源和社会保障各部门）制订并公布的劳动行政法规主要包括《劳动就业服务企业管理规定》《职业指导办法》《职业介绍服务规程》《劳动力市场规定》《关于禁止使用童工的规定》《未成年工人特别保护规定》《劳动争议处理规定》《工人工作时间规定》等。

中国的青年就业政策目的是推动青年充分就业，并保持大学毕业生的高就业率，对青年劳动权利的保护更加全面，他们的合法权益，如工资待遇、职业安全和社会保障得到充分保护。内容主要包括青少年劳动就业的特殊政策规定、对未成年人的劳动保护政策以及劳动合同相关政策。青年就业的具体政策法规涵盖三个方面：普通高校毕业生就业政策、青年孤儿就业政策和残疾青年就业政策。对此，国家出台了《普通高等学校毕业生就业工作暂行规定》《民政部、公安部、人事部、劳动部关于妥善安排我国 SOS 儿童村孤儿就业的通知》《关于进一步做好残疾人劳动就业工作的若干意见》《民政部、劳动部、卫生部、中国残疾人联合会有关发布"社会福利企业聘用残疾职工的暂行规定"的通知》等一系列政策文件，加强了对特殊青少年的就业保护。此外，《中华人民共和国劳动法》《集体合同规定》等政策也保障了青少年在就业领域的合法权益。

（四）青少年司法保护政策

我国自 1991 年通过《中华人民共和国未成年人保护法》后，逐步有了较为合理、专业的有关未成年人的法律法规，不断加强对未成年人的司法保护在立法和法律适用方面的力度。《中华人民共和国预防未成年人犯罪法》《中华人民共和国刑法》《中华人民共和国刑事诉讼法》《中华人民共和国未成年人保护法》等法规的出台使国家对青少年的司法保护逐渐完善。我国吸取了国外青少年司法制度的先进观点，按照国情成立了更加适宜中国青少年的法律。我国第一部青少年保护法规是《上海市青少年保护条例》，是在1987年确立的，并且第一次法律中有了少年法庭，中国青少年司法保护政策的主要内容有：如何预防和减少未成年人犯罪，少年犯罪后如何处置，对被实行监禁处置的犯罪少年的权利的保护。预防和减少未成年人犯罪主要从三个方面开展工作：事前预防、事后预防、未成年人对犯罪的自我防范。预防主要以各方合力共同为青少年营造良好的生活环境，未成年人重新犯罪的预防坚持以教育为主、惩罚为辅。在处罚犯罪的少年时主要依据两个原则：相称性原则是指在决定对未成年人采取刑事措施时，充分考虑到未成年人的犯罪因素、特殊性和社会援助需求，以便在刑法规定、未成年人需求和社会需求之间取得最佳平衡。《未成年犯管教所管理规定》规定，未成年犯管教所实行"惩罚与改造相结合，目的是改造人"和"教育、感动和改造"的政策，将未成年人罪犯转变为具有一定文化知识和劳动技能的守法公民。

（五）青少年社会保障政策

我国政府特别重视特殊青少年群体的生存与发展，并由国家和社会采取统一、专门的措施，分门别类地对特殊青少年实行某种集体照顾或社会照顾。我国现行的特殊青少年救济、救助政策，主要体现在对无家可归、无人监管、无收入来源的青少年等群体的救助保护，对残障青少年的救助保护以及对贫困青少年、留守青少年的教育救助。

第八章
青少年社会工作项目的管理研究

　　本章为青少年社会工作项目的管理研究，主要从青少年社会工作项目的开发、青少年社会工作项目的方案设计与实施、青少年社会工作项目的评估与审计、青少年社会工作项目设计案例四个方面展开研究。

第一节　青少年社会工作项目的开发

一、项目开发的考虑因素

（一）明确价值观

青少年社会工作的对象是青少年，它以自身特定的价值观与原则为基础。青少年社会工作采用积极的、参与式的、协商民主式的方式开展工作，尊重青少年是青少年社会工作价值观的核心。通过与年轻人进行开放、坦诚的对话，青少年社会工作者致力于衡量不同视角的价值，深入了解并尊重青少年的兴趣与需求。社会工作者为此做了许多尝试，充分尊重青少年的权利，以平等有尊严的方式对待年轻人，加强宣传与青少年息息相关的正能量，积极改变对年轻人一些负面的刻板印象。明确青少年社会工作的价值有助于专业实务的开展与发展。一个可能的出发点是寻找青少年工作价值、原则与个人立场的共同点。

青少年社会工作经常使用"定位"这一概念，其含义是指采用不同视角，比如政治意识形态或社会阶层视角，来识别人们在社会中所处的位置，并认识到这种定位可能会影响对情境的新解释。"自我定位"要求分析过往经验，理解事物的运作，而这可能要联系他人看问题的视角。个人价值观和专业价值观的匹配会大大强化价值观在青少年社会工作实务中的运用。

（二）价值观的应用

积极、参与式、反压迫的价值观广泛应用于青少年社会工作实务、活动开展与青少年工作者自身。例如，积极的工作方式包括鼓励青少年的教育提升，促进公平的社会变革，欣赏青少年对乐趣、温暖与培育的需求，青少年工作者在工作上也要乐在其中。有趣的活动不但能鼓励青少年自愿参与，而且能应对一些个人负面经验或社会压迫所带来的影响。与其将青少年视为问题、受害者、需要帮助的个体，不如承认其能力，鼓励他们开展活动，从而带来积极变化。

青少年社会工作的参与性本质，承认年轻人有权利选择是否参加活动，并对影响他们的问题作出决定。认可、重视与提升参与者的贡献与经验,意味着青少年处于青少年社会工作实务的"核心地位"。参与式的实践将青少年以小组的方式组织到一起,让他们彼此学习、相互支持,并通过探索真正的现实选择,鼓励他们保持认真的态度。当青少年学习新技巧、承担责任与寻找新机会之时,他们对自身生活的控制就增强了。

(三) 角色的识别

青少年社会工作者的角色有很大不同,可以包括不同工作类型,涵盖各种目标群体、问题、任务与职责。有时这种角色差异也体现在职位头衔上。一些青少年社会工作更侧重于扮演发展型、教育性与保护性的角色,例如支持或指导青少年成长为负责任的成年人,尤其在更标准化的服务似乎无效的时候。由于组织目标或任务的限制,将工作对象限定为青少年的社会工作者会发现,他们的视角与活动相当受限。能安排时间进行外展工作或参加本地委员会与论坛的青少年工作者则能够发现相关的问题,交流青少年社会工作的价值,让社区中的其他成员作为志愿者和积极分子参与到工作中。社区是青少年生活的环境,因而也是青少年社会工作的背景。了解青少年所在的社区有助于达成和服务对象的相互理解,也能够为实务工作提供支持。

(四) 明确青少年社会工作的对象

青少年社会工作所关注的基本对象是青少年。青少年社会工作不只为不情愿的、被动的受助者提供社会服务,还是一项界定问题、处理解决方案的"助人职业"。青少年社会工作与其他职业的不同之处,在于怎样界定和提供帮助,特别表现为,青少年工作者要充分了解并尊重青少年是否真正需要帮助的真实表达。当青少年工作者为遭遇困难与成长障碍的个体提供具体帮助,并且这种支持被当作实实在在的、有用的资源被接受时,青少年工作者与年轻人的双向尊重就会得以保持。通过让青少年参与到利益识别与活动界定之中,青少年社会工作实务避免了屈尊俯就的、不相干的支持或者过度指导。

社会常常呼吁青少年工作者为青少年、青少年的父母或其他专业人士提供服务,或者向社会机构(如政府部门或住房互助协会)表达所关注的问题。与青少年共同开展工作可能被他人视为"难以达到"或"曲高和寡",青少年工作者在上述工作的建议和支持方面处于非常有利的地位。在年轻人的利益、实务和需求方面，青少年工作者也可以变得相当在行。他们对于如何提供恰当服务的理解，对现有信息与社会支持网络的把握，在诸如教育、健康与休闲等一系列与青少年相关的服务的设计、提供与管理方面都非常有帮助。青少年生活中的其他"利益相关者"可能也会提供不同类型的支持，并为青少年社会工作贡献他们的观点。不过值得注意的是，根据其他工作日程处理与年轻人生活相关的具体问题，并不能取代青少年工作者的角色。

（五）角色的冲突

当活动的设计是为了控制青少年，而只是为达到一种占有欲，并不是为了尊重他们独立自主表达自我的权利时角色冲突就出现了。青少年工作者需要识别上述差异，从而能够决定何时应该"站稳立场"、划清界限、护卫他们的专业边界，何时采用灵活与合作的方式更有利于维护青少年利益。

通过与其他机构开展合作，或使用特定项目所获得的资金，一些青少年工作者还没有来得及质疑与辨析由此带来的变化与影响，就已经被拉入到压迫性的角色中。与服务对象的联系记录、硬性的项目产出、根据预先制订的计划开展工作，这常常是资助者所期望与要求的。但是详细记录的保留，特别是当信息可能被发送给他人时，并不一定与青少年社会工作的责信与保密原则相符合。

（六）明确工作动机

青少年工作者对青少年工作常常抱有一个特殊的动机，这一动机可能成为下述愿望的组成部分，即改良社会、改善个体。青少年工作者的动机可能不尽相同，从拨乱反正的愿望、解决社会与政治问题，到确保他人不再因相似的个人困难而受苦，明确个人动机与青少年社会工作价值与原则的一致性，有助于青少年社会工作者表达青少年的利益，而不是将一个特别的日程表强加给他们。因强烈的思想观念而发起的青少年社会工作能够为年轻人提供有趣的选择，而强调特定群体或人生选择的优越性，并将信仰体系强加给青少年的做法是不恰当的。一个青少年社会工作组织不应该参与到对年轻人的灌输、强制或剥削之中，或让青少年参加破坏性或排斥性的小组，清楚组织与个体的动机，能够提升青少年对参与或退出的控制权。

（七）熟悉法律法规

青少年工作者需要知晓相关法规与法律界限，不仅可以在行动时知道自己怎么作出选择，还要为青少年提供相关建议。许多青少年社会工作组织要求青少年工作者在与青少年有任何身体接触之前，在相关问题与法律责任方面接受特殊训练，包括防护措施、健康与安全、人身限制等。

对于人员选聘与管理而言，与用工相关的法律知识也是非常必要的。由于法律法规可能会发生变化，通过相关培训及时了解法律约束、权利与责任，是专业青少年社会工作实务的基本要求。青少年社会工作的价值观与原则并不总是与发展变化的法律要求、组织政策和实务相适应。与其他"以人为本"的职业与专业相似，青少年社会工作要求以个体为基础对情境做出个别化的、灵活的回应，而不是提供死板的答案。要保持对目标的澄清，明白可能的角色冲突，青少年工作者需要投入持续的专业发展中，跟上政策法规的更新步伐，了解可能影响其观点与信息的道德问题，这些观点与信息也可能被传递给青少年。要识别何谓合适的回应，需要通过督导的方式，就伦理与专业价值观、评估与计划等问题，与青少年及同事开展讨论。

二、项目开发基本方向设定

（一）指导资源的明确

为了理解青少年社会工作实务，对于组织的讨论势必涉及对组织责任的理解。虽然有时候为实务工作提供日常指导和支持的人并不是固定的，但组织的管理者或工作人员是关键联系人。明确指导工作开展的委员会人员并理解他们对青少年社会工作的视角也十分重要。通过询问各类决策由谁负责，可以了解组织的沟通渠道和权力分布，即谁制定决策，哪些信息会影响决策。明确组织的行政管理系统可以反映出青少年在决策制定中的角色。

（二）工作类型的识别

确定组织的青少年社会工作是结构化的还是非结构化的、普惠型的还是选择型的，可以帮助青少年社会工作者理解组织的优先性和计划。定期的或短期的项目需要紧密的计划、明确的程序和产出，而其他的项目则更开放、更弹性化，没有固定的日程安排或提前预期的产出。理想状态下，青少年社会工作的类型是根据青少年的利益、组织的经费和资源来组织的。如果工作方法不适合工作类型，或者工作的价值原则妥协过多，那么青少年社会工作就不能产生很好的效益。

青少年中心或流动工作站是非结构化的青少年社会工作的例子，它们提供随到随进的服务，青少年自己可以上门寻求资源，不需要太多的指导。青少年社会工作者一般在幕后，或者随意与青少年交谈几句，只有当需要指导或参与讨论的时候，青少年社会工作者才会介入。这些场所一般会提供如台球桌、电脑、休闲区等游戏设备。这类活动的对象可以是固定地理区域内的所有青少年，也可以针对特殊目标群体，限定准入条件和开放时间。选择性的项目常常定位于那些在生活中经历困难的青少年，其目的在于防止他们遭受更多的困难并改善当前的状况。例如，选择性的教育项目主要针对主动或被动退学的学生，以及在学校中表现不佳或有学习困难的学生。这类项目需要青少年在课程参与率、学业水平等方面取得成就，在行为方面有所改变。在选择性的青少年社会工作中，确定哪些青少年群体是"有风险的"和"有需求的"主要依据外部的指标，而不是青少年自己决定。

（三）定位关键政策与程序

为了使实务工作有专业性和安全性，组织的政策和程序需要由纸质文件、案例和讨论产生的决定来支持。要确保青少年安全、设备安全，青少年社会工作者必须接受法规和程序的培训和指导。活动需要个人信息和互动情况的记录、统计数据、父母或监护人的许可。尽管完全的安全保证是不可能的，但是详细的程序应当涵盖所有可能发生的事情。青少年工作者必须说明关于可靠性和保密性的限制性因素，只有这样，才能把这些关键问题的准确信息给予青少年。

对某项活动的潜在风险做好预判属于常识性程序。在机构的项目准备和评估中，风险评估的正式文件也是必需的。为确保青少年和工作人员的安全，避免潜在的事故和伤害，必须要考虑安全事宜。在具体活动中，明确有哪些风险和哪些群体可能遭受风险的目的也是为了消除潜在的伤害。这就意味着在准备工作中要持续关注健康和安全问题。然而在有些情况下，对风险管理的考虑意味着大量削减活动内容。青少年社会工作者也要注意，机构也会指控或谴责青少年社会工作者对某些事情处理不当，有时这些指控和谴责并不正当。书面记录在这种情况下就可以用来作为申诉和法庭调查的证据。因此，书面记录需要不断检查和更新。

（四）工作场地的明确

关于活动的地点、项目和资源的信息可以有新的想法和创意，而不是重复以前的工作。由于实务工作和资源需求方面的差异，新的青少年社会工作者需要明确机构的项目是中心工作、拓展工作、外展工作还是通过网络来开展的工作。虽然在场地的选择方面，应当按照青少年的兴趣和需求，来确定是按目的设定的场所还是普通开放的场所，然而，合理有效地利用资源和开发潜在新活动依赖于工作者对场地的熟悉。

此外，场地的使用计划、风险和可得性也是需要考虑的问题。以中心为基础的活动既可以在只能容纳目标群体中少数青少年的小房间内开展，也可以在所有青少年都可以加入的公共场所开展，这取决于工作人员的数量和风险的大小。在拓展活动中，青少年社会工作者常常会使用其他机构的场地。青少年有时会提出如攀岩、滑旱冰等兴趣类活动，也有的青少年会提出尝试此类兴趣活动。青少年社会工作可以包括到一个新地方的旅行，如远足、野营、外出交流等。寻找一个理想的青少年工作环境并不总是像设想的那么容易，只有当喧闹的群体团结一致的时候，才能在新的环境中安顿下来。这些活动都需要进行风险评估并获得监护人的同意。了解青少年群体的构成和他们的过去有助于青少年工作者预判和准备特定的活动，而与青少年的交谈也能够为计划提供信息。

（五）分析机构

分析机构现在的优势和劣势，未来的机会和挑战可以通过"SWOT"分析来实现，这一分析为了解机构和分析机构哪里需要改革提供了一个有效的框架。寻找机构现存的"优势"可以帮助找寻恰当的支持和发展方向，发现"劣势"则可以提供有效的行动途径。通过观察、讨论，以及阅读评估报告、出版物和以往的资助申请（往往包含了许多机构的统计数据）是分析内外因素的有效方式。内部问题可能与员工的经验和资质、资源的可得性和可持续性、青少年参加活动的人数以及志愿者和社区的参与程度等问题相关。

有些青少年社会工作者所在的机构拥有基于青少年社会工作价值和原则的相关目标和政策,或认同并重视青少年社会工作在服务提供中的重要性。在这种情况下,寻找合适的实务工作支持和指导相对简单。其他一些多机构合伙并由多种专业人员构成,或青少年社会工作不是由青少年社会工作者管理的地方,青少年社会工作者需要推动或捍卫他们的工作方法,因为这些工作方法可能和他们的同事存在冲突。

青少年社会工作者必须向那些只强调出席率、提供规划好的项目或高度正式会议的工作人员宣扬自愿、参与和快乐等青少年实务工作的核心内容。在开展新工作的时候,为了坚持青少年社会工作的原则而挑战机构并不是明智的做法,但这是青少年社会工作者角色中的一部分。寻求机构外部的支持来保持青少年社会工作实务的专业性是一个有效的策略。

第二节 青少年社会工作项目的方案设计与实施

一、青少年工作项目方案设计

(一)方案研究的意义

虽然大部分项目都包括一些研究,但研究的类型很大程度上依赖于所需的信息以及研究所处的阶段。研究能够显示项目的优先次序、可行性、进展以及评估。比如,如果青少年对一个新的设施感兴趣,一个更广泛的调研可以包括潜在的购买率、容量需求。研究工作或许会使青少年与其他人参与到团体中,确定影响他们的问题。比起简单地通过一个项目来提供服务、通过一个现成的解决方式来理解问题,更好的方式是使青少年和他们的团体成员加入参与性的、解放性的研究中去发现他们的问题、解答他们的数据。

(二)青少年参与项目

青少年可以作为咨询对象、研究者或者项目开发管理者来参与项目。他们的兴趣点和关注点可以为项目提供思路和目标,为研究提供动力,也有助于整合项目提议。对项目提议的兴趣水平或许也显示了对项目本身的兴趣水平。一组青少年可以确认一个潜在的项目是有用或有趣的，还是将资源另作他用，而不是投在不必要的项目上。对项目开发的任何已知约束都应与青少年或感兴趣的群体相沟通，这样才不会出现错误的预判。潜在的约束如资金、时间、项目类型以及长期的稳定性都可能由制定方案的组织以及资金来源所决定。全体人员，无论是学生还是专职人员，提出项目的时间都是有限的。

一个项目的时间尺度十分重要，一个提议的转折点或者一个项目的完成日期，都会影响被提议的项目的目标以及是否需要拓展研究。研究中接受咨询的青少年或许会在项目方案结束前就改变他们的想法，更不用提在项目本身结束前发生的变化了。他们所提建议的结果可能还没出来，喜欢不同设施或活动的下一批青少年就涌现出来了。这种研究不会解决问题，只会引起一些虚假的期待。让青少年加入项目开发应该惠及参与的青少年，并以青少年社会工作的原则为指导。

（三）明确项目宗旨与方案设计

通过分析研究结果或者与项目计划组的成员进行讨论可以帮助确定项目宗旨与目标。详尽的目的与目标可以帮助明确研究方向、达到预期结果并计划整个项目。宗旨传达了一个项目想要带来的改变，目标主要概述为带来这些变化所从事的活动或提供的服务。

以目标为基础制订一个详尽的计划或程序有利于对任务或责任进行分配。一些项目方案需要该项目每个阶段的详细信息，比如活动、时间表、资源需求。让参与者加入项目设计有助于提高项目可行性。当承担这项工作的个人提前有一些了解，那么他们在估计所需时间、人员配置、设备与花费时就会轻松很多。例如，这个计划可能会陈列将要打印的报告的长度和数量，或者房间的大小与所需的设备。更详细的计划可以包括下一阶段所需的详尽的预算，不过也需要为必要的变化或未预料到的花费留出弹性空间。

虽然一些资助者在出资前需要一个详细的计划，但并不是所有的项目计划都需要如此详细。重点项目的委托或许会要求提交有关问题、背景与目标的详细信息，这些只有通过更广泛的调研才能获得。一个方案或许会将这项研究指定为一个大型项目的第一步，或者将这项研究本身指定为一个可行的项目。项目开发以及项目实施本身都需要对青少年的现实经历与观点进行严谨的实证研究。

(四)预算编制

预算编制可以确定一个项目的收入与支出,这对于满足预期的资源需求很有必要。这方面的方案不仅仅是关于获取资金的。资源预测所需的学科知识有利于聚焦计划决策并确定项目规模。实施一个研究项目所需的资源可以包括额外资金、现有资源的再分配或捐献。在这个阶段与他人讨论预算是十分有益的,因为资源多元化可以使项目更具有可行性,并且关于采购的不同渠道,比如借贷、捐款以及分红能够缓解资金来源压力。一个机构可以协调项目、提供督导、提供资金、负责吸引感兴趣的青少年加入。经验与多维度思考有助于在实现计划收入时发现额外的支出需要及潜在的问题。编制预算需要根据需求预估与调查来确定实际花费。对细节的把握可以使计划更加准确。参与者对预算编制的贡献会让计划更加详细,对预算约束更加明确,资源使用率更高。

(五)整合方案

一个目的明确、条理清楚的方案对于获取他人的参与和支持有很大作用。项目方案的验收标准可能列在资金申请表里或组织机构新开展的工作计划中。但是一个非正式的或者内部的项目提议可能有更大的灵活性。

二、青少年工作项目管理路径

(一)开展项目管理

1. 项目管理原则的应用

由于有限的组织能力或资源这一现实可能和人们的希望与预期相违背,项目管理常常会凸显青少年社会工作理论与实务之间的差异。一些管理者体会到与生俱来的理想主义与组织的实际需求之间的冲突。进行伦理抉择时,应该在哪些方面优先分配资源、发挥其最大效用,需要慎重的思考与专业的精神。以优雅、智慧与平静的心态作出合适的选择是不容易的,并非在所有情形下,所有管理者都能做到。当管理者设法应对自身的专业原则、个人或组织的实际情况或者社会的预期和设想的问题时,想要推动组织发生积极变革,他们就需要提升信心、提高透明度。

在艰难的抉择中，提升青少年和员工的参与度能保持对问题的关注。例如，为了获得项目资源，是不是要接受一个资助者所强加的某种限制，当运用青少年社会工作价值观进行分析时，这个选择就可能变得更为清晰。

管理者的职业头衔通常意味着一个人负责某一工作方向、控制着运行与资源。他们承担责任的水平不仅取决于一个组织上层的决策者与实施政策的管理者之间是否有良好的沟通，还取决于组织是否设定了问责界限、实务伦理守则。如果一个管理者遵循了一套既定的程序，组织与管理人员都可以避免那些未经批准的决定所导致的问题。不仅如此，制定恰当的政策、程序、实务伦理守则，能够为青少年社会工作实务、青少年及社会工作者提供积极的环境。

2. 利益的平衡

参与式管理的方法要求在许多不同的利益与影响因素之间做出平衡，青少年、社区成员、社会工作者、雇主、资助机构，任何一方都可能对项目有特别的需求和看法。有效地管理通常需要考虑这些利益相关者的需求与利益；要确定优先顺序则可能更加困难。管理者可能需要通过协商达成一个创造性的折中方案，或平衡不同影响因素的协议，其中包括协调青少年、社区、资助者与组织的利益。此外，资源受限时要找到一个可行的方法，可能需要进一步的妥协。

当组织依赖于外部资金，而这些资金要求有特定的项目产出时，随之而来的达成结果与寻求相关证据的压力就可能具有相当的制约性。完成特定的目标与任务以满足资助者的利益，可能变得比参与过程更为重要。资金不足或不可靠，可能导致对青少年或员工的长期投入减少，导致拓展性工作与可持续性实践的不足。明确短期项目的目标可能有助于青少年社会工作者在实务中坚持青少年社会工作的原则，避免落入此类项目的陷阱之中。

一些青少年社会工作者尝试优先考虑那些以青少年的利益表达或自己界定的需求为基础的项目，结果却发现用人单位的宗旨、目的与目标和青少年的偏好是相冲突的。有时，管理者可能发现人们期望将社区的优先权置于年轻人的需求之前。一个有计划的项目可能需要员工根据他们所不愿或不能采用的时间表开展工作。要发现满足多方利益的解决方式，常常需要富有想象力的方法，其中有一些可能通过参与者的讨论而确定。

3.进行自我管理

尽管"自我管理"这一概念可能更普遍地用于一个人学习如何应对生活中的困难，但是与自我管理相关的管理职责也是值得思考的重要内容。例如，一个人展示自我的方式不仅会影响员工对他的反应，也会影响人们对组织的感受。与健康有关的问题对工作实践产生的影响与组织管理也是非常相关的，这包括平衡工作与生活的时间与注意力、心理健康、确保足够的体力活动以保持工作精力与激情。可能受饮酒或疲劳影响的警觉性等问题，在自我管理中也是非常重要的，不管一位青少年社会工作者是从事项目管理，还是与青少年开展日常互动，都是如此。

管理一个项目通常需要开展大量的组织与行政工作，要通过电话与电子邮件与外部组织联络，进行预订或会议预约。复核工作安排不仅需要组织能力，还需要沟通技巧。保持精确的记录与文件需要好的体系或好记性，最好是两者兼备。信函确认、细节确定与信息的广泛流通，有助于创建一个合适的程序。一些管理人员可能充分享有授权的行政职责，或可以在一个支持性团队的协助下开展工作。一位管理者或一个项目要将对相关支持机制的需求与组织的问责结合起来。定期的反馈机制可以促进他人参与提供建议、评审决策。一些项目将得到组织管理机制的支持，另外的项目则需要项目管理人员来推进。

4.参与费用管理

青少年参与预算设计有一系列的好处，包括可以了解到他们关于资源分配和消费需求的观点。例如，一个国际交流项目可能没有考虑到一些青少年由于经济因素而不能参与其中，除非做出预算分配，为他们提供必要的资源、支出护照费用、购买手提箱或另一种气候条件下合适的衣服。附带的益处包括青少年意识到他们可获取的资源、所受的任何形式的约束、可获取的金融知识技能，这些意识与能力在很多竞争性的场合都会有用。

区分不同类型的成本有助于设计合适的资金使用计划。例如，确定资本支出（包括购置新物品如建筑物或设备）、运营成本（如邮费、文具、租金、取暖费、电费）、收入、区分"一次性"和持续性的成本。对项目进行完全成本核算，即确定所需的所有费用，包括正在发生的日常管理费用的百分比，能够为可持续发展提供一个更好的图景。一项成功的资金申请可能意味着识别资源需求与任何潜在的资金来源的差距与共同之处。一项来自个人的资源可能只能为项目的特定方面提供资金，例如运营成本，而不是核心的组织日常管理费用。一些资源渠道只有特定类型的组织可以得到。资金的联合申请可能意味着与符合要求的组织发展合作关系。

（二）应用督导技巧

1. 有计划的督导

有计划的督导方式要求对督导之前、之中与之后的不同阶段给予关注。在开展督导会谈之前，督导与被督导者都要澄清并认同督导的类型及其对双方关系的影响。督导关系与会谈建立在周密的组织安排及任何相关记录的协议基础上。一旦会谈聚焦于实务，督导工作就包括了对正在进行的工作的回顾。

2. 督导的类型

青少年社会工作督导的基本功能是聚焦于青少年社会工作的核心价值观，从而维护、支持与发展专业实务工作，而一些督导工作的安排可能更多地关注管理与发展功能，这就会影响督导的过程、内容与结果。管理人员关于质量、资源、服务与人事的责任，可能有助于督导工作采用务实的方式解决关键问题。尽管如此，对问题的自由探讨可能变得更不切实际，特别是当督导记录可能被用于监控工作表现或执行纪律处分程序时。

在督导服务的供给或功能存在差距或不均衡的情况下，青少年社会工作者可能需要去寻求督导机会。缺乏足够的管理式督导，一个人可能在如何执行工作或确定工作的优先顺序方面没有明确的认识，或得不到足够的支持。一些督导的重点或许在于控制或遏制，将资源的使用或变动降到最低，却错过了促进专业实务或职业水平发展的机会。可以采用同伴督导、合作督导或组织内外部的咨询，作为替代性的选择或额外的安排，来解决现有的监管空白。

合作督导可以提供没有等级层次的平等关系，这对那些认为现有督导工作受制于过分强大的管理或评估功能的人来说，尤其具有吸引力。组织的内部督导的优势在于熟悉的环境、可获得的资源与组织的目标、文化与程序。外部督导与被督导者的组织没有联系，能够提供一个不受组织文化束缚的新视角。一名同事、一次会议或社交活动中遇到的青少年社会工作者，可以给予有益的同伴督导，在相似的责任或挑战的经验基础上提供反馈与支持。

此外，没有青少年社会工作经验的组织可以为他们所聘用的青少年社会工作者寻求外部督导，来确保作出合适的管理与专业选择。咨询或短期的、定期的外部督导安排，可以成为特定知识或经验的获取渠道，尤其适用于组织内部缺乏上述知识经验时。

3. 安排会谈

督导可以在一系列精心安排的、有规则的双边会谈中开展，通过持续的批判性反思来确保专业价值观得以秉持；另一些安排则可能有更强的针对性。

采用一种恰当的结构化形式，以定期的方式开展督导，确保有足够的时间用于关键问题与计划制订，这样的督导方式会特别有效。正式的议程不是必备的，但督导会话模式的建立能鼓励集中的和有益的讨论。关于会谈及其他督导方案的结构达成一致意见，能为所提出的问题澄清权利关系与责任，并认同其优先级别。被督导者可以参与到会谈计划的制订中，提出他们所关心的任何话题，积极表达他们自己的学习需求。

4. 会谈记录

反映被督导者语言与想法的会谈记录，可以表明一名督导对被督导者经验与观点的重视。一份记录能够提醒讨论的双方在历次会话之间保持连续性，监控发展状况，找出问题产生的模式；在师生式督导中，还有助于完成评估表格。一起阅读会话记录，检查记录的准确性，可以对关键问题达成谅解，并为后续会谈作出任何必要的安排，有时只需保留最少的记录就足够了。在会议结束时对要点做出总结，可以避免在会谈期间做大量干扰性的记录。对记录的目的与内容达成一致意见是绝对必要的。在记录之前，需要澄清是否有任何关于监测或报告的要求，确定这些记录在考评或升职、纪律处分或评估中是否会被用作证据。一位管理人员可能需要遵循既定的程序来保证工作质量，师生式督导可能为了评估的目的而有特别的格式要求。对记录的使用形成共同理解，有助于减少日后意想不到的需求所引发的问题。

三、青少年工作项目计划策略

（一）识别问题

在问题识别阶段，应要确认需要改变的社会状况和引导方案的制订。在此基础上需要测量在这个社区人口的散布程度和明确未来行动计划的目标对象人口。

在最初阶段，通常采用问题识别工作表来精确地找到问题的性质。在问题识别的基础之上，还需要对这一问题在某社区人口的散布程度进行测量，以及对未来行动的目标对象人口进行调查和认识。通常会采用以下几种方法：

第一，社会指标法。社会指标法指利用现有关于目标群体的普遍数据和流行程度的统计资料，与当前社区数据和流行程度比较，以识别出当前社区中该类现象是否存在差异。

第二，调查方法。调查方法是指运用系统科学的方法，将调查的原始资料按照调查目的进行审核、汇总与初步加工，并以集中、简明的方式反映调查对象总体情况，使之系统化条理化的过程。常用的调查方法有典型调查、重点调查、抽样调查和个案调查，常用的搜集资料的方法有个别访问法、电话访问法和文件调查法等。

（二）制定目标

在目标制定时，需要界定总目标和分目标，确定各个目标之间的优先顺序，目标制订过程通常采用以下几种方法：

1. 名义小组技术

名义小组技术，又称名义小组法，是管理决策中的一种定性分析方法。这种方法可以使决策者明确当前社区中存在的各种问题，提出解决这些问题的适当方案，并对问题的优先顺序进行划分。

2. 头脑风暴法

头脑风暴法又称智力激励法，是一种思维激发性的方法。这一方法的步骤如下：

第一，准备。一定事先做好充分的准备。计划负责人应对问题有所研究，找出问题的实质、关键、目的等。同时选定参加会议人员，会议人数一般以 5~10 人为宜，将会议的主题、时间、地点、所要解决的问题、可供参考的资料和设想、需要达到的目标等事宜一并提前通知与会人员。

第二，热身。这个阶段的目的是创造营造一种自由、祥和的氛围，在宣布开会后，先说明会议的规则，然后将话题转移到有趣的话题或问题，让大家的思维处于轻松和活跃的境界。这个过程就像运动员之前的热身训练，对运动员进行比赛有好处，同样热身训练对解决问题也有好处。

第三，明确问题。主持人需要简明扼要地介绍有待解决的问题。需要注意的是，介绍时应简洁、明确，不可过分周全，因为过多的信息会限制参与者的思维，局限思维创新的想象力。

第四，重新表述问题。在初步讨论的基础上，大家对问题已经有了更深的理解和看法。这一步骤就是通过记录的整理和归纳，重点选取有启发性和创造性的表述，供下一步畅谈时参考。

第五，畅谈。畅谈是头脑风暴法的创意阶段。在这个阶段大家自由发言、自由想象、自由发挥，使彼此相互启发、相互补充，真正做到无话不谈，对问题力争达到做到全面完整地讨论，然后将会议发言记录进行整理。

第六，筛选。筛选是一道十分重要的程序。活动结束后的一两天时间内，负责人应对参与讨论者进行回访，收集参与者会后的新观点和新看法，以此补充会议记录，然后将大家的想法整理成若干方案，再根据可识别性、创新性、可实施性等标准进行筛选。经过多次反复比较和优中择优，最后确定1~3个最佳方案。

第三节　青少年社会工作项目的评估与审计

一、青少年社会工作项目的评估

社会服务项目评估是评估活动的一种，是用科学的研究方法对社会服务项目的设计、策划、实施和效果等方面进行的测度、诊断和评价的活动。评估的使用的研究方法是包括各种可以用于评估的方法，而不仅仅限于定量方法，具体对象是社会服务项目的计划、实施过程及结果。社会服务的性质可以是个人性的，也可以是群体性的或社区性的；其服务内容不仅包括救助和解困，也包括预防和发展；服务可以是个案形式、团体形式，也可以是社区发展服务。以上这些服务都需要前期的准备设计和策划，当服务方案、服务过程、服务效果需要再次进行考量、测度、评价时，社会服务项目评估就开始了。社会服务项目评估既包括社会服务的过程评估，也包括结果评估。社会服务的过程评估是社会工作者为了有效开展服务而进行的评估，包括对服务对象需求的评估，对服务方案的评估及选择，以及对社会工作过程的评估，也可以理解为是一种事前准备。结果评估是对已开展的社会服务进行的评估，是对社会服务结果、效果和影响的评价。

（一）青少年工作项目评估的组织架构

1. 项目评估主体

社会服务项目评估是人们对社会服务项目相关活动的了解、测度和评价活动。从事社会服务项目评估的人或机构是社会服务项目评估的主体。

（1）相关上级和第三方

相关上级评估主要指由对某社会服务有管理权、检查权的政府部门、基金会或企业对社会服务项目的评估。上级评估面临的问题是，既是出资者，又是评审者，如何做出比较客观、公正的评价。在这种情况下，第三方评价机制被引入项目评估中。第三方评估是由与服务提供者及其资助者无关的第三方机构对服务项目进行的评估。这种评估一般由专门评估机构或专家组实施，具有相对独立、科学和客观的特点。第三方评估逐渐为社会所认可，成为比较普遍的评估方式。上级评估和第三方评估属于机构外评估。

（2）社会工作者或社会服务机构

社会工作者或社会服务机构是社会服务的提供者，在服务提供过程中，也参与对服务的评估：前期对服务对象的需求评估；服务方案评估，即选择较优的服务方案；服务过程评估，即把握服务的进度，发现问题及时处理；服务结果评估，即对服务结果进行评估和总结。这种评估属于机构内部对项目的评估。

2. 项目评估对象

社会服务项目评估的对象就是社会服务项目。社会服务项目是在一定时间内，运用一定的资源，按照预定的服务目标、服务内容和服务要求，为满足特定服务对象的需求而实施的一种活动。评估主要是考察社会服务是否实现了预先设定的目标，给出资方一个交代。

3. 项目评估方法

社会服务项目评估的最核心部分是评估方法，只有与被评估对象相适应的科学评估方法，才能产生科学的评估结果。只有通过科学评估，才能彰显评估的价值，也才能规范、引领社会服务的发展。评估首先应该获得与评估对象相关的信息。评估方法由信息载体和信息内容决定。信息载体是指用什么形式去获取信息，比如问卷、访谈对话、服务对象举止，都可能承载某些信息。信息内容指上述言语、符号包含的评估所需的意义。评估能获得丰富内容的信息载体去搜集信息，以保证评估的科学性和有效性，还需要评估方法与评估气质相符。

4.项目评估目标

社会服务项目评估主要有三个目标：第一个是评价社会服务项目目标的实现程度、专业服务效果及项目资金的使用情况；第二个是总结社会服务经验，提炼社会工作服务技巧，提升社会工作服务水平；第三个是作为社会服务项目结项的依据，同时也为项目购买方确定项目执行方是否继续承担相关社会工作服务项目提供依据。

（二）青少年工作项目评估的功能

由于"社会交代"潮流和管理主义的兴起，社会服务项目评估在社会工作中占据了日益重要的地位，其功能日益引起人们的重视[1]。

第一，服务提供者的自我发展。社会工作需要不断发展和创新，社会工作者也需要不断成长，这是由服务任务的复杂性、变动性和社会服务需求的不断发展所决定的。社会工作者要不断提高自己的服务能力，采取多种渠道方法，比如通过继续教育、经验交流和强化实践等来实现。而一个有效措施就是对开展的社会服务进行评估，包括自我评估和外部评估。社会服务项目评估以客观态度和科学方法为基础。社会工作者以服务于有需求的人士特别是困难群体为己任，不忌讳自己的不足被发现和指出。正是因为这种开放、进取的态度，使得社区工作者不断审视自身不足，进而充实提高自己。

第二，推动社会服务的发展。社会工作是向有需要群体尤其是困难群体提供专业化服务的，其所有活动都是以最有效为最终目的。社会服务的基础是社会工作的专业价值观和专业方法，但具备上述条件并不一定自然而然地达到有效提供服务和帮助服务对象的目的。在现实服务过程中，想当然地或经验主义地去应对复杂、变动的服务需求，绝不可能取得令人满意的服务效果。不管是大型社区发

---

[1] 李会亚.社会工作服务项目过程评估探索与实践[D].武汉：华中师范大学，2020.

展项目，还是个案服务，都要在其重要环节开展评估，以明确问题和任务、改进和运用服务方法，从而更有效地达到服务目标。实际上，评估一定要伴随社会服务全过程，科学的评估可以增进社会服务效果。

第三，促进社会工作学科的发展。社会工作不但需要科学实践，而且需要科学理论作为指导思想，而科学理论来自系统知识的积累。社会工作理论包括基本理论和实践理论，基本理论有相当一部分是外借理论，而实践理论则来自社会工作研究，特别是对社会服务经验的总结。在总结经验、提炼理论的过程中，研究性评估发挥着重要作用。研究性评估是以一定的理论或方法论为基础，深入分析实务经验，通过比较和提炼得出具有普遍性的经验并加以理论化，就形成了一定形式的理论。这些理论或者对已有经验进行补充，或者得出有异于其他国家和社会的"本土知识"。这些知识的提炼和创造又对社会服务实践产生指导作用，并在社会服务实践中接受检验和补充而得以进一步完善。另外，通过研究评估可以形成一些好的案例供教学使用，这也会促进社会工作学科的发展。

第四，社会交代。社会工作必须向相关方面证明自己的效果、效率，即向有关方面做出社会交代，这点是十分必要的。社会工作不同于志愿活动，作为社会资源的使用者和分配者，一定要对工作的有效性和实际效率做出说明。对服务效果、投入—产出情况的说明要建立在有事实根据的科学说明的基础上，其方法就是社会服务项目评估。

二、青少年社会工作项目的审计

青少年工作项目审计是对项目的执行过程进行评价，内容包括项目管理制度的建立及执行情况、预算编制及执行情况、项目实施情况、资金使用情况、项目会计核算情况和项目档案管理情况。

（一）建立项目管理制度

社会组织在执行社会服务项目的过程中，需要建立有效的内部控制，建立项目管理及资金使用管理制度。社会组织需要建立《会计工作规则和核算办法》《财务内部审批流程及制度》《项目资金使用管理制度》等相关财务制度，确保财务管理有章可循。社会组织在执行过程中，应严格资金使用用途，健全资金审批手续。对未制定相关管理制度或制度中存在重大缺陷的，在前期咨询中应督促项目执行单位建立健全项目管理制度。

（二）项目预算编制与执行情况

1. 项目预算编制情况

检查项目预算是否按项目资金和配套资金分别编制，项目内容、实施范围、实施区域、服务类型、受益对象种类、服务种类、费用类型、资产种类、费用标准等列示是否清晰，支出范围和标准是否符合国家相关规定及项目实际情况。

2. 预算执行情况

检查项目执行单位是否按照申报或调整后的预算的支出范围和标准使用项目资金，方案不合理、内容不符合规定的项目是否按规定程序进行了预算调整，是否存在未经批准擅自调整资金使用范围的情况，是否存在按规定应办理预算调整而未进行预算调整的现象。项目预算调整申请，可以申请调整申报资金，也可以申请调整配套资金。申请调整资金需要获得项目发包方的同意。具体申请调整预算资金可参照中央财政资金支持社会组织参与社会服务项目申请预算调整要求。如果需要调整预算资金，可参考民政部中央财政支持社会服务项目的申请预算资金调整方案。

（三）项目的实施情况探究

第一，受益对象的选择是否符合标准。

受益对象是社会服务项目的服务对象，是社会服务直接服务或帮助的对象，是生活遇到困难、需要别人提供帮助的个人或人群。社会服务的受益对象不只是个人，也可能是家庭、群体或社区。受益对象由社会服务机构根据服务项目的要求进行选择后确认，真正的受益对象要通过社会服务机构的评估才能确定。受益对象选择必须符合规范，社会服务机构应该制订受益对象的选择标准和选择过程。受益对象确认的相关要求，可参照中央财政资金支持社会组织参与社会服务项目受益对象确认的相关要求。

项目审计主要检查项目：受益对象的选择标准是否明确、选择程序是否规范、是否按规定进行公示，受益对象选择资料及相关证明材料的保存是否完整，所选择的受益对象是否符合要求。项目执行方需要提供项目受益对象花名册，受益对象确认书，同时提供受益对象选择标准和受益对象选择过程。

受益对象确认书中的受益金额要求印刷或打印，不得手写，受益对象确认书应由受益对象或受益对象的监护人签字确认，对于无法由受益对象或受益对象的监护人确认签字的，应由两个以上证明人签字，同时注明证明人身份证号和联系方式。若同一受益对象多次受益，可在受益对象确认书中列明总金额，另附证明材料或明细清单。项目审计方将按一定的比例抽取受益对象，采用电话方式就救助情况进行回访，一般会选择10%进行电话回访。对出现受益对象选择标准不明确或受益对象选择过程不规范而导致支出不符合规定的，应予以调减；对由此导致项目目标不能实现的，在审计中应作为重大问题进行处理。

第二，项目执行是否存在转包分包行为。

检查项目执行单位是否存在将项目转包、分包给其他组织实施的情况，是否存在将项目资金拨付中间人并由中间人转付受益对象或为受益对象提供服务的行为，是否存在将项目委托给予项目执行单位内部人员（包括负责人、分支机构负责人、员工等）有直接利益关系的其他组织或个人实施或合作开展的情况。在审计中应正确区别分包转包行为与购买服务。对于出现分包或转包行为、将业务委托给有直接利益关系的组织实施而导致项目支出不能确认的，在审计中应予以调减。不论是否对项目支出进行调减，在审计中均应将存在分包转包行为或将业务委托给有直接利益关系的组织实施的项目作为存在重大问题的项目进行处理。

第三，物资及服务的购买是否符合标准。

检查项目执行单位在购买物资或服务的过程中是否履行了必要的询价比价或招标程序，相关资料保存是否完整，购买服务或物资是否签订合同，所签订的合同是否规范，是否存在价格不公允的情况，使用财政资金是否符合政府采购的相关规定。对购买的物品和服务，如果数量较多或价格较高，应采取比价购买。重点检查是否存在向与项目执行单位内部人员（包括负责人、分支机构负责人、员工等）有直接利益关系的组织或个人购买服务或物资的现象，对存在该类现象的项目应重点检查购买服务或物资的价格是否公允。对存在价格不公允或利益输送行为的，在审计中应对支出予以调减。对存在向与项目执行单位内部人员有直接利益关系的组织或个人购买服务或物资的现象的，不论是否已对支出进行调减，在审计中均应作为重大问题处理。

第四，受益对象确认及回访是否符合标准。

检查项目执行单位是否按规定对全部受益对象履行了确认程序，是否存在受益对象确认书内容不完整、程序不规范的现象。对于未进行受益对象确认或执行替代程序的，检查其是否符合相关规定；对于有特殊情况无法履行受益对象确认程序的，检查其是否报经项目发包方批准。项目执行单位应在受益对象确认的基础上，建立其他人员对受益对象进行抽查回访的制度。通过进一步实施受益对象回访程序，检查是否存在支出金额不能确认的现象。抽查需要填写意见反馈表。对于受益对象确认程序不规范而导致支出不能确认的，审计时应予以调减。对于受益对象确认书存在严重弄虚作假情况的，审计时应作为重大问题处理。

第五，项目目标是否实现。

检查项目是否按规定的时间完成，受益对象和开展服务活动的数量是否与申报书一致。对于实际完成情况与项目目标有较大差异的，应分析原因，判断是否属于不可抗力。对于未按规定时间完成，或与项目目标有较大差异且无合理原因的，审计时应作为重大问题处理。会计师应对在审计现场结束日仍不能完成并实现项目目标、项目资金有结余的项目，提出后续处理建议，并由项目执行单位制订整改计划。

（四）项目资金的使用情况

通过实施检查账簿、会计凭证、项目合同、付款记录、相关票据、签收单、项目资料等程序，重点检查项目资金是否按照项目预算所规定的用途、标准使用，项目支出是否真实，是否做到了专款专用，资金使用范围和内容有调整的是否履行了审批程序，是否存在违规列支不合理费用的现象。检查重点如下：

第一，资金使用是否符合审批程序。检查项目执行单位是否建立项目支出审批制度并严格执行，费用报销单据是否列明支出事由或用途，使用票据是否合法，相关项目资料是否齐全，是否出现"以拨代支"的现象。

第二，资金拨付程序是否严格执行。检查项目资金是否做到了按进度拨付或使用，是否将款项直接拨付受益对象或为项目提供服务和商品的组织，是否存在资金滞留第三方的情况，是否出现大额支付现金、超范围支付现金、公款私存等行为。针对资金使用过程中出现的问题，根据所出现问题的性质，分别处理。对于资金拨付不规范导致支出不能确认的,应予以核减;对于存在资金滞留第三方、公款私存等行为的,应作为重大问题处理。

第三,项目支出是否符合规定。检查项目执行单位的支出范围和标准是否符合相关法规的规定,是否按预算规定的标准列支了各项费用,是否做到了经济合理。重点检查是否存在以下事项:在项目资金中列支本单位或上级单位管理费,将项目资金用于缴纳罚款罚金、偿还债务、对外投资、购买汽车或修建楼堂馆所等挤占、截留、挪用、侵吞项目资金,列支与项目无关的捐赠、赞助及其他支出,提供虚假资料骗取财政资金,在中央财政资金中列支应由配套列支的费用,在中央财政资金中列支本组织人员工资(专业青少年工作者项目除外)、劳务费、伙食补贴等,超标准和范围购置固定资产支出,超标准列支允许列支的费用,支付费用存在票据不合规或无票据现象,支付专家咨询费但无相关人员资质证明,劳务费领取表内容不全等。

第四,配套资金的使用与自身服务。检查项目配套资金是否按承诺的金额及时足额投入,是否按预算规定的费用类型和标准据实列支;对立项资金有缩减的,检查实际使用的配套资金比例是否与原申报的配套资金比例一致。

对于以自身服务应收取的服务费确认项目支出的情况,检查这种服务方式是否在申报书中明确;成本无法完整体现的原因是否属客观原因;费用标准是否明确合理;服务记录是否真实完整;受益对象确认及回访是否有效;判断是否可以将自身提供的服务确认为项目支出。

(五)项目会计核算的情况

检查项目执行单位对项目资金的核算是否规范,是否执行了国家统一的会计制度,是否将项目资金纳入单位合法账簿核算和管理,是否按要求单独设置会计科目进行中央财政资金和配套资金的核算,购置的固定资产是否作为固定资产进行核算与管理,会计处理是否规范和及时。

检查本项目资金支出凭单是否载明本项目名称。对于未按规定单独为本项目设立明细科目进行核算的,重点检查是否存在费用在其他类型的项目资金中重复列支的现象。对于未纳入项目执行单位统一核算的配套资金,原则上不予确认。对于科目使用不正确、账务处理不正确、账务处理不及时、实物资产核算与管理不规范等会计核算问题，视情况进行处理；对存在故意弄虚作假行为的，作为重大问题处理。

（六）项目档案管理的情况

检查项目档案管理情况。对项目资料不齐备，或缺少重要项目资料的，应作为重大问题处理。对项目资料齐全，但在项目档案管理上存在不足的，作为管理问题处理。

第四节　青少年社会工作项目设计案例

一、服务项目设计

（一）项目名称与背景

项目名称：流动青少年暑期服务项目。

项目背景：青少年的发展关系着国家的可持续发展战略，促进青少年的发展是一项长期而又艰巨的任务。流动青少年作为青少年的重要组成部分，他们既是社会的重要成员，也是社会的重要建设者，主要体现在青少年的积极发展为社会建设和发展提供新鲜动力，而社会又需要为青少年的发展营造一种良好氛围，需要为青少年的发展提供各种的资源及支持。为了更好地促进流动青少年的发展，以福州市青少年事务社会工作者协会为试点，把流动青少年服务作为重要的服务对象之一。福州市青少年事务社会工作者协会坚持"加强机构建设、积极整合资源、突出特色服务、打造社工品牌"的理念，从儿童青少年个人成长计划、营造家庭学校支持网、社区宣传活动等三个层面着手，为福州市儿童青少年开展了多元化、专业化的服务，致力于培养"乐展儿童青少年"。

（二）项目总体目标

1. 项目目的

通过成长集结号项目，为流动青少年营造一个安全有趣的成长环境，最大范围地减少流动青少年受伤害和犯罪；让流动青少年在与人交往和互动中感受到关爱和陪伴；同时丰富流动青少年的暑期生活，提高他们的人际交往能力、自信心和学习能力等各方面能力，学会自我管理和服务他人；帮助流动青少年增强自我保护意识和社会道德意识，协助他们更好衔接假期生活和学校生活，也可以为流动青少年提供不同的成长与发展服务，促进其健康成长与共同发展。

2. 项目目标

立足社区，为流动青少年打造一个娱乐和学习的场所，并提供免费的公益性设施，给他们创造一个安全健康的暑期成长环境，促进他们更好地成长，预防减少流动青少年受伤害和犯罪。

帮助流动青少年学会自我管理，合理安排好自己的生活和学习，培养服务他人的意识，并鼓励他们用自己的能力来获取需要的东西。

促进他们的自信心的提升，以及丰富他们的生活，并通过活动调动市民对流动青少年成长的关注，改善流动青少年的成长环境。

为流动青少年解决心理和行为方面的困扰，疏导情绪，提供情感支持，及时克服不良情绪所带来的影响同时为流动青少年及其家长提供亲子沟通和教育方面的服务，为流动青少年家长提供法律方面的支援，让孩子健康成长。

二、项目提供的服务

服务开展的时间为假期时间，青少年社会工作协会需要社会工作者、实习工作者、社区志愿者等多种环境资源，选择专门场地为项目建设提供专门的活动场地，运用多种工作方法为流动青少年开展微观、中观、宏观三个层面的暑期服务。

（一）微观层面

1. 个案服务

通过在青少年成长空间站内设心理与法律咨询吧，方便提供个案服务。安排社会工作者在固定时间值班，接受个案面谈、即时辅导，为流动青少年及其家长提供一些相应的心理和法律方面的服务。如不能直接解决，做好登记并与机构的心理或法律团队的专家预约，安排约见面谈问题。同时，开设社会工作者信箱，采用信件交流的方式解决满足对象的需求，且通过信件了解服务对象的深入需要，社会工作者制订相应计划。

2. 课业辅导

在青少年成长空间站为流动青少年提供学习场所，鼓励他们自我学习和管理时间，鼓励站内工作者对青少年进行学业辅导，流动青少年在站内阅读或写作业，在一定时间后通过志愿者检查，可在时间积蓄卡上登记新增的时间。且对有需要，如学习障碍的流动青少年进行一对一的学业辅导，由单个志愿者有针对性的服务某一对象。

3. 家庭辅导

根据流动青少年的建档信息，初步掌握他们的基本信息和家庭情况，并通过筛选和排除，对有需要的家庭进行家访。由此深入了解流动青少年的生活环境和家庭情况，评估家庭活动中易产生的问题，为后期家庭活动打下良好基础。

4. 素质拓展训练

通过素质拓展训练，让流动青少年体会"每个人都是富有能力的学习者"，同时接触新鲜事物，最终提升流动青少年发现问题和解决问题的能力、独立生活的能力，以及在提升团队中合作奉献的精神。活动主要包括团体活动等活动。

5. 多元智能培养活动

通过开展多种多样的兴趣活动，在活动中引导流动青少年初步接触多元智能（包括创意智能、身体运动智能、语言文字智能、音乐旋律智能、人际关系能商等），学认识自己的智能长处，并能够通过学习逐步发挥智能所长，进而逐步达到自我悦纳、自我肯定直至自我实现，从而在小组中获得归属与爱、尊重、自我实现的需求。小组活动主要包括奇趣画坊、七彩课堂等多种活动。

（二）中观层面

1. 建设服务站点

建立青少年成长空间站，为流动青少年提供一系列的服务。在站内设立心理与法律咨询吧、七彩商场等相关服务站点，分别具有咨询、学习、娱乐、休闲和奖品兑换的功能，为流动青少年提供一个娱乐和学习的场所，并提供免费的公益性设施，给他们创造一个安全健康的暑期成长环境，帮助他们更好的学习和生活。

2. 建档服务

凭借社会行政手段，同时拓宽宣传媒介和渠道引起外来务工者对流动青少年的关注，吸引他们到专门场所或通过电话、网络形式进行报名，工作人员把这种形式叫作建立档案。以一人一表的原则为基础，并在一人一表的基础上逐步建档，建立流动青少年的信息档案库，档案内容包括：流动青少年基本信息、家庭基本情况、对暑期服务方面的需求、流动青少年遇到的问题和困难等，掌握各服务对象的现状与服务需求，完善和调整服务方案。根据掌握的系统档案信息，工作人员灵活开展下一步工作。

3. 工作人员培训

对青少年社会工作者提供两方面的培训：一方面是社区工作者对社区协助人员、志愿者关于社区流动人员的培训，另一方面是由机构督导团对项目工作人员的培训。双管齐下，保证项目工作人员的人员工作水平，起到提升工作效率的目的。

（三）宏观层面

第一，社区宣传。通过社区宣传栏、海报等多种形式，将调查掌握的流动青少年生活和学习现状以及活动中的表现以图片和文字的形式展现出来。以直观的方式呈现展示给社区居民，让社区民众了解流动青少年生存现状和需要的帮助，呼吁社区民众提供力所能及的帮助。在社会层面形成广泛的合力推动流动青少年权益的保护。

第二，社区志愿实践活动。号召所有在社区全部居住的家庭住户，鼓励他们积极投身社会实践中来，引导家长带领孩子为社区环境建设做出一份努力，增强他们的社区归属感。家庭住户包括流动人口家庭，也包括本地人口家庭。之后可以把这些青少年发展为社区青少年志愿者，让他们逐渐成为参与社区活动的重要力量。实践活动的主要内容有清理社区树叶、自行车停放位置管理等，由此促进流动人口家庭与城市人口家庭的融合，让流动青少年与城市儿童有更多接触和互动的机会，更好地融入城市儿童中去，同时提升流动青少年学会服务他人和社会的意识。

第三，社区讲座和工作坊。在社区宣传栏定期粘贴讲座相关海报，借助社区的场地和资源，为流动青少年开展一些和安全教育等相关讲座，同时也可为流动青少年的家长开展法律心理援助和亲子沟通等方面的工作坊或讲座，但应需要灵活注意讲座时间，因为大多家长白天都需工作，可根据需求灵活调整讲座时间，由此增强流动青少年及其父母的归属感认同感。

第四，社区联欢活动。开展一场大型社区活动，暂定邀请青少年和家长一起参加，活动内容以流动青少年表演以及家长的互动为主。通过丰富多彩的活动，提升流动儿童的归属感，以及增进社区大多数民众对流动儿童的理解和支持。

三、项目评估与论证

评估目标是指：对项目的具体运作过程、实际效果和影响进行总结，并进行反思，为之后的项目推行积累经验。而评估形式是指：服务接受者追踪及反馈信息、项目运营团队评估、项目志愿者自评项目主管部门评估等。

项目论证具体如下：

第一，项目的创新性。

项目牢固树立服务流动青少年暑期生活的理念，通过调查服务对象的需求。开展适合流动青少年兴趣爱好，符合他们成长与发展需求的活动，丰富和充实了流动青少年的暑期生活以及内心的精神世界，同时也提升青少年的自我发展能力，促进自身全面健康发展。

第二，项目的可行性。

项目整合了社会工作者和志愿者的资源，运用了社会工作专业方法和技能，以科学的知识为基础，运用科学的方法助人和自助，对流动青少年开展的服务具有专业性、科学性以及可操作性。

项目所获得的资金支持，联络的社会资源支持，为项目提供了物质保障、人员保障以及技术保障，增强了项目的可操作性。

第三，项目的可复制性和可推广性。

表现为项目模式和发展策略等方面的可复制性和可推广性：项目运用社会工作专业方法和技能，对流动青少年开展能力培养和自我发展的活动以及辅导，丰富流动青少年的假期生活，项目对流动青少年的服务具有专业性、科学性以及可操作性，而且通过项目完善了一套暑期服务流动青少年的模式，从而可在其他地区儿童工作的开展中运用；每一个大城市都有广大的流动青少年群体，需要社会工作的专业服务，而且项目在福州市开展的方法和模式具有普遍性，对于其他地区的流动青少年服务开展具有一定的借鉴意义和参考价值,可在其他地区进行因地制宜复制和推广。

第四,项目可持续性。

表现为以下四个方面:

第一个方面,需求可持续性。流动青少年自我成长的需要随着社会的发展将长期存在。第二个方面,影响力可持续性。项目会以项目汇报专题片的形式反馈给公众,并公开到网络,人们也可以通过参加活动的成员及家长对项目的评价了解项目,扩大影响力,提高项目影响力的可持续性。第三个方面,资金的可持续性。共青团福州市委员会和福州市综治委预防办每年都有针对关爱外来务工人员子女服务的专项资金,可以继续争取。第四个方面,服务的可持续性。项目通过开展,改善不足的地方并传承好的经验,在人力资源的可持续性以及资金可持续性的条件上,可以继续进行,并衍生出更多针对流动青少年的服务产品。

参考文献

[1] 董明伟. 社会工作项目管理 [M]. 北京：中国商务出版社，2022.

[2] 魏晨，司开玲. 社会工作管理案例 [M]. 北京：中国商务出版社，2021.

[3] 贾志科. 社会工作导论 [M]. 武汉：武汉大学出版社，2020.

[4] 邱服兵，唐勇. 青少年社会工作 [M]. 北京：中央广播电视大学出版社，2015.

[5] 陈世海，江传彬. 儿童青少年社会工作服务设计 [M]. 成都：四川大学出版社，2020.

[6] 顾东辉. 社区青少年社会工作研究 [M]. 上海：华东理工大学出版社，2006.

[7] 张兴杰. 青少年事务社会工作案例 [M]. 北京：中国社会出版社，2020.

[8] 席小华. 中国青少年司法社会工作理论与实务模式研究 [M]. 上海：华东理工大学出版社，2019.

[9] 刘斌志. 我国社会工作研究的回顾与展望 [M]. 北京：中国社会出版社，2022.

[10] 章友德. 青少年社会工作 [M]. 天津：天津大学出版社，2010.

[11] 方舒，苏苗苗. 社会工作介入社区矫正的理论基础 [J]. 开发研究，2017（2）：126-133.

[12] 徐梦洁，李国和. 网络社会工作介入农村留守儿童问题的实践探究 [J]. 江苏第二师范学院学报，2022，38（6）：119-123.

[13] 孙士雅. 社会工作介入社区青少年工作的思考 [J]. 山西青年，2022（4）：91-93.

[14] 詹木生. 习近平关于青年工作重要论述的三维向度 [J]. 北京航空航天大学学报（社会科学版），2021，34（6）：22-29.

[15] 陈丹，赵晓明. 青少年社会工作发展困境与完善路径研究 [J]. 中国物流与采购，2019（15）：67.

[16] 雷乾新. 社会工作的本土化探讨 [J]. 现代交际，2016（21）：73.

[17] 刘欣，王祥. 社会工作者的伦理困境研究 [J]. 才智，2017（15）：275-276.

[18] 袁秋野.环境心理学在室内设计中的应用探索[J].美术教育研究,2016(23):72-73.

[19] 曹颖.社会工作在社区服务中的优势与展开模式[J].知与行,2015(3):117-120.

[20] 徐清,周会霞.广东省社会工作教育与实务协会"社工大行动"呵护留守儿童[J].大社会,2015(5):43-45.

[21] 蓝姝影.专业社会工作嵌入未成年人犯罪预防的机制研究[D].杭州:杭州师范大学,2022.

[22] 戴含章.情理冲突与调和:社区社会工作实务中"双重关系"的本土研究[D].上海:华东师范大学,2022.

[23] 王乌列苏.心身医学治疗中的医务社会工作分析[D].呼和浩特:内蒙古师范大学,2022.

[24] 田怀金.学校社会工作视角下大学生心理防疫问题可行性研究[D].沈阳:沈阳化工大学,2022.

[25] 王阿佼.社会工作介入农村青年婚姻危机问题的研究[D].沈阳:沈阳化工大学,2022.

[26] 程饶.南昌市社会工作人才流失问题研究[D].南昌:南昌大学,2022.

[27] 杨山娟.社会工作介入福利院低学龄儿童教育融入研究[D].包头:内蒙古科技大学,2022.

[28] 程明瑜.社会工作介入住院青少年网络依赖研究[D].南昌:南昌大学,2022.

[29] 李鑫.从问题视角到发展视角:社工介入重点青少年工作的实务探析[D].广州:华南理工大学,2017.

[30] 胡杨.社会工作模式在共青团青少年工作中的嵌入式发展研究[D].呼和浩特:内蒙古师范大学,2015.